화려한 실패

화려한 실패

초판 1쇄 인쇄	2018년 2월 1일
초판 1쇄 발행	2018년 2월 8일
지은이	신성훈
발행인	유준원
고문	강원국
편집장	서정현
편집팀	한미숙
디자인	김영진
제작지원	박민경
발행처	도서출판 더 클
공급처	명문사, 북센
출판신고	제2014-000053호
주소	서울시 금천구 가산디지털 1로 212, 709-3(가산동, 코오롱애스턴)
전화	(02) 857-3086
팩스	(02) 2179-9163
전자우편	thecleceo@naver.com

화려한 실패

신성훈 지음

꿈이 있는 한 실패는 없다

음악은 공감이고
위로이고 치유이다.
공감을 주는 가수,
울림을 주는 가수가 되고 싶다.
꿈을 향해 오디션을 보는
모든 사람을 응원한다.

차례

CHAPTER 3

감춰진 재능을 폭발시킨다

CHAPTER 4

미쳤다는 소리를 많이 듣는 가수

CHAPTER 5

내 꿈은
현재진행형이다

프롤로그

나는 음악밖에 할 줄 모른다. 10대 시절엔 가수가 되고 싶어서 책보다 테이프와 음악 CD를 끼고 살았고, 20대는 음악공부와 오디션에 도전하며 가수로 활동을 했으며 30대인 지금도 크게 다를 바 없다. 여전히 가수이고 음악밖에 할 줄 아는 게 없다. 연기에 몇 번 도전했지만, 모두 음악을 위한 활동이었다.

하지만 이런 내가 아무것도 모른다고는 생각하지 않는다. 누구보다 음악을 뜨겁게 사랑하여 거기에 따른 희생을 감내했다. 그 안에서 성공과 실패를 겪었으며 눈물도 흘렸다. 다행히 18년째 음악을 포기하지 않았기 때문에 다시 한 번 해외 진출의 기회를 얻게 되었다. 누군가는 마음 편히 휴가 한 번 다녀오지 못하고 음악만 끌어안고 사는 나를 고리타분한 삶이라고 말할 수 있다. 하지만 음악 안에서 굴

곡지게 활동했던 과정이 커피 한잔하며 밤새 수다 떨 정도
의 풍부한 이야기로 남아 있다.

사회적인 성공기준으로 보자면 히트곡이나 가수로서 내
이름을 아는 사람은 많지 않다. 18년째 "히트곡이 무엇입니
까?"라고 물어보면 나는 아직도 머뭇거리게 된다. 한 살 아
이가 어엿한 고등학생이 되는 시간 동안 히트곡 하나 만들
지 못했지만, 그래도 나는 음악을 계속하고 있다. 처음에는
인기와 돈을 거머쥔 가수를 꿈꾼 채 음악을 했고 지금은
진짜 음악이 좋아 계속하고 있다. 생명 짧은 연예계에 몸담
으면서 멀찍이 지켜보니 인기와 돈보다 중요한 것을 알게
된 것이다. 결과가 어떠하든 최선을 다하는 것, 좋아하는
음악을 할 수 있다는 것 그리고 포기하지 않는 것 말이다.

이 책은 인기와 돈을 모두 거머쥔 성공 스토리가 아니라
포기하지 않는 가수 신성훈의 이야기다. 음악 세계에는 수
많은 팬과 TV를 독차지하는 가수가 있고, 언더그라운드에
서 활동하는 가수, 밤무대와 거리에서 노래하는 가수도 많
다. 그런 그들을 실패한 가수라고 할 수 있을까. 알려지지
않았을 뿐 모두 자기 자리에서 최선을 다하는 사람들이다.

포기하지 않고 최선을 다하는 태도, 나는 그것만으로도 성공을 향해 가는 사람들이라고 말하고 싶다.

최선을 다하지 않고 좋은 결과를 바랄 수는 없다. 여기서 최선은 단순 반복이 아닌 작은 개선, 작은 발전이 계속되는 시간을 말한다. 빠름을 예찬하는 시대이다 보니 시간의 가치를 무시하고 겉만 쫓아가기 바쁘다. 특히 연예계는 그 수준이 심각하다. 그래서일까. 오랜 세월 동안 포기하지 않고 꿈을 쫓아서 시간을 투자한 늦깎이 연예인들의 소식은 가끔 감동을 준다.

나는 그동안 꿈 하나로 버티어 왔다. 결과는 뜻대로 나오지 않았지만, 또다시 기회가 찾아왔다. 포기하지 않았기 때문에 만들어진 기회일 것이다. 다음에도 포기하지 않는다면 더 화려한 기회를 만들어 낼 수 있다.

나는 그 과정을 '화려한 실패'라고 명명해 본다.

나는 실패하는 듯한 과정 속에서도 평창올림픽 응원가 선정, 중국 음원진출, 일본에서의 두 번째 활동, 이름 있는 대회에서 수상 등의 성과를 이루어냈다. 실패의 과정에서 작은 성공도 쌓이는 법이다. 이 단순한 원리를 남들이 뭐라고 하든 나는 묵묵히 실행해 오고 있다.

이 책에 좋아하는 일을 포기하지 않은 나의 원동력에 관한 것들을 담았다. 그리고 가수라는 꿈을 향해 달려가고 있는 내 이야기와 오랜 시간 동안 자신의 꿈을 포기하지 않은 선, 후배 연예인들의 스토리를 담았다. 그 안에 담긴 인내와 끈기, 포기하지 않는 열정은 나이나 직업에 상관없다. 따뜻한 이야기가 그리운 사람들에게 작게나마 일조할 수 있기를 소망한다.

끝으로 책과 함께 음악이 담긴 QR코드를 실었다. 꿈을 이루어가는 과정에서 힘들고 지칠 때마다 듣는 이 노래들이 누군가에게는 희망의 날개가 되었으면 좋겠다. 그리고 이 책의 판매 수익금에 따른 인세는 기부하고자 한다.

언제나 비상을 꿈꾸며
가수 신성훈

실패는 화려하기에, 실패한 가수가 되었다

CHAPTER 1

시작이 반이라 한다. 지금 무슨 꿈을 꾸든 시작해보자. 몸이 꿈꾸는 곳에 가야 꿈을 이룰 수 있다. 그리고 나머지 반을 위해 계속 움직여야 한다. 비록 그 꿈을 100% 이루지 못하더라도 도전 자체에는 후회가 없다. 나는 오디션에 계속 떨어졌다. 그래도 도전했으니 후회는 없다. 여기에 가수란 직업을 하고 있으니 후회보다 내 자신이 대견스럽다는 생각이 든다.

화려한 실패
그리고 한 번의 기회

'그래 이번에는 중성적인 아이돌 콘셉트로 가보자.'

짙은 화장과 날을 세운 머리, 화려한 액세서리를 걸치고 스튜디오로 갔다. 이번 콘셉트는 아이돌이라고 했다. 6개월에 한 번씩 들르는 스튜디오 분위기는 왠지 낯 익고 편안했다. 나는 최대한 촬영에 집중을 했다.

"자~ 성훈 씨, 거만하게 앉아 봐요. 좋습니다."(찰칵)

"이번에는 나르시시즘 분위기로…"(찰칵)

촬영을 마치고 현장에서 곧바로 보정에 들어갔다. 화장

이 짙어 보정해야 할 부분은 많지 않았다. 수많은 사진 중에서 건진 한 장의 사진, 사진 속의 나는 손이 목에 닿았고, 얼굴은 삐딱한 표정을 짓고 있었다. 불만과 귀찮음이 동시에 묻어 있는, 묘한 분위기의 사진이다. 6개월 전 정장 패션과는 느낌이 확연하게 달랐다. 벌써 열여섯 번째 도전이다. '이번에는 잘 될 거야.'라는 말은 마치 습관처럼 거는 주문이 되어버렸다. 열 번째 도전 이후, 합격 여부를 떠나 프로그램화된 당연한 일을 하는 기계처럼 변한 느낌이다.

나는 6개월마다 사진과 프로필을 메일로 전송하고 있었다. 아이돌 콘셉트라는 설명과 함께 그동안의 활동사진들 그리고 몇 개의 녹음파일과 연락처를 넣어 '보내기'를 눌렀다. 30대 중반, 가수는 18년 차. 콘택트를 바라는 메일을 기획사에 보내곤 했다. 노래가 좋아 앞만 보고 달려왔지만, 18년 전이나 지금이나 내 입장에서는 크게 달라진 것이 없다. 몇 개의 앨범, 몇 번의 방송, 공연과 행사, 미팅들까지 분명히 성장하긴 했지만 뚜렷한 변화가 없었다.

버스킹의 메카, 홍대는 가을밤이라서 추웠다. 어느 날 나는 그 거리에서 열심히 노래를 부르고 있었다. 나를 알리는 일이었다. 그리고 나와 같은 목적으로 수많은 친구들도 버스킹을 하고 있었다. 같은 꿈을 꾸고 있는 사람들, 그 속에서 행복했지만, 언제까지 버스킹만 하고 있을 수는 없었다. 잠시 후 쉬는 동안 누군가 수군거리는 소리가 들렸다.

"야~ 방송에 나온 가수 아니야?"

"방송에 나와서 유명한 줄 알았는데 버스킹을 하네. 그런데 CD는 트로트야."

노래는 발라드인데, CD는 트로트라는 것이 지금의 내 모습이다. 발라드 가수를 꿈꾸다, 새로운 도전을 위해 트로트를 불렀지만 지금 다시 발라드를 부르고 있다. 앨범은 트로트 시절에 남은 것들로 오랜 세월 동안 우회의 길을 달려왔다. 나는 버스킹을 마무리하고 집으로 돌아가 빨리 잠들고 싶다는 생각을 했다.

얼마 전 지방 행사가 있었다. 오전 공연이고, 버스로 2시간 30분 거리라 서둘러야 했다. 화장품과 이것저것 소품이 담긴 가방을 들고 시외버스터미널까지 갔다. 버스 안에서 노래하기 전에 해야 할 인사말과 자기소개를 준비했다. 행사장에 도착하여 관계자와 만났다. 간단한 주의사항을 듣고 화장실을 찾았다. 화장실에는 거울이 있기 때문이다. 메이크업을 하고 미리 준비한 반짝이 의상을 입으니 제법 가수다웠다. 다행히 춥지 않아서 밖에서 대기할 수 있었다. 날씨가 추워지면 내 순서가 올 때까지 화장실 안에서 바람을 피해야 한다. 벌써 몇 년째인가. 드디어 내 차례가 돌아왔다. 무대에 올라가기 전에 나는 주문을 외워본다.

'감동을 줄 정도로 부르고 내려와야지.'

주문의 힘 때문인지 오전부터 부산을 떨어서인지 몸이 힘들긴 했지만 다행히 흥을 돋우고 내려왔다. 박수와 환호 그리고 사회자의 칭찬이 이어졌다. 이 희열 때문에 나는 가수가 되었다. 먼 곳까지 달려온 이유가 분명 있다. 무대에 서면 기쁘지만 무대에서 내려오면 다시 마음이 무거워진다. 현실적인 문제가 나를 기다리고 있기 때문이다.

"성훈 씨, 행사 끝나고 바로 입금할게요. 먼 곳까지 한걸음에 와줘서 고마워요."

나는 어쩔 수 없이 그 말을 믿어야 한다. 현장에서 바로 현금으로 건네주면 좋겠지만, 나 같은 가수는 입금해 주기까지 기다려야만 했다. 조금 늦어도 좋으니 꼭 입금이 되길 바랄 뿐이다. 피곤한 몸을 이끌고 다시 서울행 버스를 타는 가을날, 밤공기가 찼다.

10년 만에 두 번째
일본 진출의 꿈을 이루다

2007년, 모든 걸 새롭게 하고 싶어서 일본에 도착한 첫
날, 친구랑 둘이서 실컷 울었다. 둘째 날은 혼자 울었다. 그
렇게 일주일가량 눈물로 보내자 친구는 이러다 내가 죽을
수도 있겠다고 생각했는지 가까운 라이브 카페에 나를 소
개했다. 한국 노래를 해도 아무런 상관이 없는 곳이었다.
내 노래를 들어줄 무대와 그에 따른 정직한 대가 그리고
팬들까지 있어서 잠깐이나마 행복한 시절이었다. 어느 날,
라이브 카페에서 엔터테인먼트 대표를 만나게 되었고 앨범

을 만들어 일본에서 본격적으로 활동하기 시작했다. 하지만 비자 문제와 한국 아이돌 가수의 일본 대거 진출로 결국 일본에서의 활동은 1년 만에 접어야 했다. 나는 자의 반, 타의 반 한국행 비행기를 타고 돌아오게 되었다.

나는 한국에 돌아온 뒤에도 계속 일본 진출의 꿈을 꾸고 있었다. 그래서 일본 기획사에 전화를 걸어보았지만 계속 어렵다는 답변만 돌아왔다. 기획사는 한국 아이돌 가수의 일본 진출에 관심을 둘 수밖에 없었을 것이다. 나는 일본 진출을 1년으로 끝내기에는 아쉬움이 남았다. 일본 팬들에게 보여주고, 들려주고 싶은 게 너무 많았기 때문에 1년은 짧은 시간이었다. 하지만 기획사는 어렵다는 답변만 계속해왔다. 나는 그후로부터 그동안 '실력이 향상되고 있다는 걸 보여주자.'라는 마음으로 6개월마다 변화된 모습을 담은 사진과 녹음파일을 계속 보내고 있었다.

'콘셉트와 목소리는 좋으나 우리와 맞지 않습니다.'

한 번에 성공할 수 없기에 계속 보내자는 마음뿐이었다. 열 번을 보내면 열정을 봐서라도 언젠가 인정해줄 것이 아닌가. 고등학생 시절 오디션을 볼 때도 합격할 때까지 했다.

일본의 기획사 찾기도 될 때까지 해보자는 생각으로, 나는 그 최대치를 열 번으로 정했다. 그래서 6개월에 한 번씩, 그렇게 5년이란 세월이 흘러갔다. 5년이란 짧지 않은 시간이다. 아이가 어린이로 성장할 수 있는 세월이고, 20대 중반 청년이 30대 아저씨로 바뀌는 세월이다.

다시 6개월 후, 두 번째 콘셉트는 카리스마였다. 검은 옷을 입고 강렬한 눈빛으로 사진을 찍었다. 그리고 파일에는 한국에서 유행하는 노래를 녹음하여 담았다. 돌아오는 답은 같았다. 어렵다는 내용을 담은 기획사의 거절 메일이었다. 첫술에 배부를 수 없고, 두 번째 숟가락에도 배부를 수 없다. 다음에 또 도전하자. 그렇게 나는 6개월마다 다른 콘셉트와 음악 파일을 보냈다. 결과는 매번 마찬가지였다.

'성훈아, 꼭 일본으로 가야만 하니?'

'얼마나 실력이 부족하면 5년 동안 계속 퇴짜 메일을 받을까?'

여러 가지 생각이 교차했다. 꼭 일본으로 가야 할 이유는 없지만 한국보다 넓은 시장이 있었다. 그리고 한국에서는 '입양가수'라는 타이틀이 강해 노래 이전에 나를 고아로 보는 시선이 앞섰다. 일본은 실력만으로 평가하는 곳이 었기에 차마 진출을 포기할 수 없었던 것이다.

11번째부터는 마음의 변화가 생겨 도전이 아니라 자신을 점검하는 계기로 삼자는 생각으로 바뀌었다. 6개월간 '가수 신성훈'의 성적표를 뽑아보는 시간을 가져보자는데 의미를 두었다. 6개월 동안 성장하는 일은 재미있었고 나를 더욱 성숙하게 만들었다. 그래서인지 그 후로는 매번 돌아오는 거절 메일에도 담담해질 수 있었다. 이번에는 어떤 성적표를 받을까 하는 기대감과 반성이 있었다.

그렇게 8년이란 세월이 흘렀다. 내 얼굴에도 하나둘 주름이 늘었고 몇 번의 방송과 오디션 프로그램, 트로트 앨범, 봉사활동 등 많은 일이 있었다. 16번째 성적표를 만들 차례였다. 16번째는 내가 정말 잘하고 좋아하는 장르인 발라드로 다시 돌아왔다. 그리고 나의 성장에 대한 내용을 담은 《천 개의 우산》이란 책도 세상에 나왔다. 더불어 몇 개의 유튜브 영상도 올라와 있다. 아이돌 콘셉트와 녹음파일, 유튜브 영상을 링크하여 보냈다. 다시 발라드로 돌아온게 16번째 성적표 중에서 가장 큰 성과였다. 좋아하는 노래가 무엇인지 제대로 느꼈기 때문이다.

　어느 날, 휴대폰 벨이 울렸다. 발신 불명의 전화였다. 잠시 주춤했다. 생활비를 벌지 못해 공과금이 밀렸던 시절에 걸려오던 발신 불명 번호는 대부분 독촉 전화였다. 지금은 그렇지 않은데도 덜컥 겁이 났다. 누군가 이런 증상이 '트라우마'라고 말해주었다. 행사 섭외 전화일 수도 있기에 받아야 했다.

　"네. 가수 신성훈입니다."

　"안녕하세요. 메일 주신 일본의 엔터테인먼트입니다."

　부정확한 발음이었지만 '일본'이란 단어는 뚜렷이 알아들을 수 있었다. '아~ 결과를 발표하는구나.'라고 생각했다. 잠시 후 이런 생각이 들었다. '16번째 일본 기획사 도전인데 떨어지면 17번째가 되겠지. 그것뿐이다.' 휴대폰에 귀를 기울였다.

　"이번에 보내주신 사진과 녹음파일 잘 받았습니다. 많이 변하셨더군요. 관심이 있습니다. 이번에는 계약하는 게 어떨까요?"

나는 순간 귀를 의심했다. '이번에도 어렵습니다.'가 아니라 '계약하자.'는 말이었기 때문에 나는 잠시 멈칫했다. 그리고 아무렇지도 않은 듯 "네, 계약하겠습니다."라고 큰 소리로 외쳤다. 그렇게 두 번째 일본 진출이 예고되었다.

"계약서는 곧 발송하겠습니다. 그리고 프로듀서와 직원을 한국으로 보내겠습니다. 우선 음원 4개를 가져갈 것입니다. 가사와 음원을 메일로 보냈으니 느낌과 감정을 살펴주세요."

"네, 알겠습니다."

"그리고 보아 콘서트가 끝나고 성훈 씨 콘서트가 열릴 예정이니 대략 3월 정도로 생각하시면 됩니다. 그것도 염두에 두고 일본으로 오세요."

며칠 후 나는 유명 연예인이 쓰는 녹음실에서 일본 진출을 위한 녹음에 들어갔다. 노래의 느낌과 감정을 충분히 살렸다. 컨디션은 최상이었다. 내 모든 것을 보여줄 수 있는 기회가 드디어 찾아온 것이다.

귀를 잃어버릴 뻔했던 가수 꿈을 가진 아이

가수에게 있어 청력은 생명이나 마찬가지다. 자신의 목소리를 들어야 제대로 노래할 수 있다. 나는 10대 시절에 이 소중한 귀를 잃어버릴 뻔했다. 끊임없이 쏟아지던 귀 안의 고름과 피를 5년간 방치했기 때문이다. 1990년대 우리나라 보육시설은 먹여주고 입혀주는 것에서 크게 벗어나지 못했다. 다른 곳은 몰라도 내가 자랐던 곳은 그러했다. 매일 이어졌던 구타와 폭언으로 인해 내겐 끔찍한 기억만 남아있다.

27

초등학교 때 채소밭 도둑으로 몰려 지도교사에게 구타를 당했다. 지도교사는 앞뒤 가리지 않고 때렸다. 그의 손이 내 머리 위로 올라와 귀를 강타할 때, 나는 앞으로 꼬꾸라졌다. 그 순간 귀에서 '삐' 하는 소리가 들렸다. 나는 기절하고 말았다. 얼마나 시간이 흘렀을까. 눈을 뜨니 나를 때렸던 지도교사가 귀찮아하는 표정으로 나를 바라보고 있었다. 의식을 잡으려고 했지만 결국 나는 깊은 잠에 빠져들고 말았다.

다시 깨어났을 때는 다른 공간에 있었다. 양호 교사가 내 옆을 지키고 있었다. 양호 교사는 나에게 "괜찮아?"라고 물었다. 그리고 나를 때린 지도교사에게 따지듯 물었다. 지도교사는 채소 도둑인 나를 교육하기 위해 때렸다고 말했다. 양호 교사는 아무리 잘못을 했더라도 이렇게 때리면 고막이 파열되어 청력을 잃을 수 있다고 경고했다. 당시 양호교사는 우리의 인권을 고민해준 유일한 분으로, 천사가 있다면 아마 그분이 아니었을까 싶다.

구타와 폭언, 암기 강요, 군대식 스케줄이 가득한 곳에서 양호교사는 유일한 해방구였고, 사랑이 무엇인지 느끼게 해준 분이었다. 양호 교사의 소망처럼 그 후에 더 이상 때리지 않고 잘 돌봐주는 보육원으로 바뀌었다고 말하고 싶지만, 삶의 현실은 동화가 아니었다.

지도교사는 그 후에도 "야, 신성훈! 아픈 척 연기하지 말고 빨리 나와!"라고 말했다. 나는 끌려가 또 맞아야 했다. 귀에서는 고름과 피가 여전히 흘러나왔다. 내가 할 수 있는 것은 화장지로 닦아내는 것뿐이었다. 피와 고름이 계속 나오자 양호 교사는 원장 선생님께 완고하게 치료를 요청했다. 원장 선생님은 청력을 잃으면 여러 가지로 귀찮아질 수 있으니 나를 동네 병원에서 치료를 받게 했다.

하지만 동네 병원은 한계가 있었다. 피와 고름을 닦아내고 약만 처방해 줄 뿐이었다. 시간이 흘러도 피와 고름은 멈추지 않았다. 이러다 정말 청력을 잃게 되는 것은 아닐까. 청력을 잃을 수도 있다는 사실은 누구에게나 두려운 일이다. 하지만 특히 나에게는 두려움이 더욱 심했다.

'구타와 폭언 그리고 영양실조만 안 걸리게 주는 식사, 암기 강요 등'

지옥에 가본 적은 없지만 거기가 바로 지옥이 아닐까. 그런 지옥에서 나를 구원해준 것은 바로 음악이었다. 그런데 청력을 잃게 되면 다시는 노래를 들을 수 없었다. 동요로 노래를 처음 접했는데 쾌활하고 밝은 동요는 나에게 평화로움과 기쁨을 안겨주었다. 그러다 차츰 대중가요를 따라 부르게 되었다. 음악적 재능이 있다는 사실을 언뜻, 언뜻 알아가는 시간들이었다. 소중한 청력을 잃을 수 있다는 두려움 때문에 나는 치료가 더욱 간절했다. 하지만 나에게 주어진 건 동네 의원이었고 치료가 끝나면 구타가 이어졌다. 나는 그렇게 5년 동안 청력을 잃을 수 있다는 두려움 속에서 살아야만 했다.

부모가 누군지 몰랐고, 내 의사와 상관없이 고아가 된 나는 선택의 권한 없이 그곳에 있어야만 했다. 딱 그것뿐이었다. 사람을 때리고 굶겨야 할 이유는 무엇일까. 유일한 구원이었던 음악까지 뺏으려고 했다.

이 아픔이 나를 강하게 만들고 가수로 성장하게 하는 자양분이었다고 생각하지는 않는다. 더 이상 이런 피해자가 없기를 바란다. 그런 간절한 마음으로 입양 홍보대사로 활동 중이다. 예전보다 보육원의 복지가 좋아졌다고 하더라도 따뜻한 가정에서 자란다면 꿈꾸고 행복할 기회가 많다는 것은 부인하기 힘들다.

청력의 심각성을 인식한 5년 후 다른 양호 교사가 추천해준 서울 소재 병원에서 치료를 받게 되었다. 이비인후과 의사는 나를 보고 깜짝 놀랐다. 어떻게 이 지경이 될 때까지 치료를 받지 않고 있었냐고 물으면서 말이다. 피와 고름이 귀는 물론 얼굴에 퍼진 상태였고 빨리 수술 받지 않으면 청력 상실과 함께 검고 통통 부은 얼굴로 평생을 살 수 있다고 했다. 고아인 나에게 무슨 선택권이 있었겠는가?

담당 의사 말대로 수술을 했다. 수술은 잘 마무리되었고, 고름과 피가 더 이상 나지 않았다. 수술비용을 후원해준 누군가에게 정말 감사하다. 보답하는 방법은 좋은 노래로, 멋진 가수로 성장하는 일이다. 많은 사람의 귀에 즐거움과 애절함 그리고 기쁨을 불어넣을 수 있는 소중한 청각(聽覺)을 잃을 뻔했다. 청력을 잃을 수 있다는 두려움 때문에 노래의 소중함을 더 깊이 알게 되었다. 나는 종종 거울 앞에서 귀를 살필 때가 있다.

시간이 갈수록 피와 고름이 점점 많이 흘러 나오
자 두려움이 몰려왔다. 이러다가 정말 청력을 잃
게 되는 것은 아닐까. 구타와 폭언 그리고 영양실
조만 안 걸리게 주는 식사, 암기 강요 등 지옥에
가본 적은 없지만 나에게는 이 보육원이 지옥이었
다. 이 지옥에서 나를 구원해준 건 음악이었다. 청
력을 잃으면 구원인 노래를 다시는 들을 수 없게
된다.

모든 것은 언어를 듣는 것에서부터 시작한다고 배웠다. 그 대표적인 것이 성경이다. 신약성경 요한복음은 '태초에 말씀이 계시니라.'로 시작한다. 소리가 들려야 언어를 듣고 그 이미지를 떠올릴 수 있다. 앞에 커피가 있더라도 커피의 개념은 '커피'란 단어를 들었을 때 비로소 알 수 있다. 시각을 통해서 커피를 보고 소리 즉, 언어로 개념을 이해할 수 있는 것이다. 이렇게 중요한 소리와 청력을 귀가 담당한다. 나는 귀의 소중함을 무시무시한 체험을 통해 알게 되었지만 내 노래를 듣는 사람들에겐 정말 아름답게 알리고 싶다. 그렇기에 더 진심을 담아 노래한다.

첫 오디션,
그 기억들

이 세상이 아니라도 언젠가 / 우리 다시 만날 텐데 /

눈물 한 방울도 / 보여선 안 되겠죠 /

사랑에 빠지게 만들었던 / 미소로 날 떠나요 /

그 미소 하나로 / 언제라도 그대를 찾아낼 수 있게 /

언젠가 우리 다시 만나면 / 약속 하나만 해요 /

이렇게 아프게 / 너무 쉽게 헤어질 /

사랑하진 마요 /

20대 후반에서 30대 중반 정도가 된 독자라면 아마 가사만 보더라도 따라 부를 수 있을 듯하다. 미성의 가수 포지션의 '아이 러브 유'다. 이 곡은 당시 10대 후반에게는 로망과 같은 노래였다. 아름다운 가사에 왠지 모르게 짝사랑하는 여성이 나를 좋아할 것 같은 분위기를 만들어냈다. 문제는 낮은 키 때문에 어렵다는 점이다. 변성기 남자에게는 극한에 가까운 노래였다. 그래도 노래방에 가면 들을 수 있었던 마성(魔性) 같은 노래로, 이 노래는 내게 특별한 의미가 있다. 바로 첫 오디션 노래이기 때문이다.

누구나 '첫' 자가 붙은 건 잊지 못한다. 첫사랑, 첫 키스, 첫 자동차 등 말이다. 가수가 첫 오디션을 어찌 잊을 수 있을까. 쥐구멍에라도 숨고 싶은 오글거림과 나를 가수로 만들어준 위대한 추억이 깃들어 있다. 2001년 18살, 대전에서 공개오디션이 열렸다. 과거나 지금이나 가장 큰 규모인 SM 엔터테인먼트에서 전국 순회 오디션을 한 것이다.

'아이 러브 유'를 선택한 이유는 잘 기억나지 않지만, 많이 알려져 있었으며 내 목소리와 잘 매치된다는 생각 때문이었다. 여기에 부끄럽지만 한 가지 사실을 더하면 왠지 멋져 보였기 때문이다. 18살 남자아이들이 그랬듯 나도 멋을 따라 한 일이었다. 오디션장에 들어갔다. 긴장한 또래 친구들이 많이 보였고 분위기는 엄숙했다. 카메라 테스트 명목으로 여러 대의 카메라가 녹음을 하고 있었다. 여기에 바늘로 찔러도 피 한 방울 나오지 않을 것 같은 심사위원들이 앉아 있었다. 또래 친구들이 원하는 밝고 편안한 분위기는 아니었다.

순서를 기다리는 내내 심장이 뛰었다. "신성훈!" 내 이름이 불리자 자기소개를 하고 노래를 시작했다. 그런데 연습하고 연습한 실력의 반도 들려주지 못했다. 이유는 간단했다. 긴장했기 때문이다. 침울한 상태에서 심사평을 받았다.

"노래는 잘 하는데, 뒷심이 부족하네. 음의 폭도 아직 짧은 것 같고… 하지만 재능이 있어요. 조금만 더 노력하면 좋을 것 같은데? 좀 더 연습해서 다음에 봐요."

그렇게 나는 무대를 내려와야 했다. 30초도 안 되는 심사평을 듣기 위해 연습하고 또 연습한 나였다. 돌아오는 버스 안에서 허탈감이 밀려왔다. 한 번만 더 할 수 있다면 정말 잘 할 수 있을 것도 같았다. 하지만 기회는 한 번뿐이었다. 그렇게 첫 오디션을 끝냈다. TOP 가수 보아를 키운 SM 엔터테인먼트라면 누가 봐도 떨어지는 게 정답이고 당연했다. 연습이라고는 테이프로 노래를 따라 부르기만 했던 나. 그렇지만 그날은 왠지 슬펐다. 눈물 나게 서글펐다.

"이게 아닌데, 이게 내 실력이 아닌데…"

생각이 복잡하진 않았다. 슬픔과 아쉬움이 전부였다. 그일이 가수의 꿈을 실행에 옮긴 첫 기억이다. 그 후로도 나는 90회가 넘는 오디션에 도전을 했다. 대부분 서류심사에서 떨어졌는데, 훗날 연습생이 되면서 왜 서류심사에서 탈락했는지를 알 수 있었다.

서류심사에 합격하고도 겨우 무대에 올라 최선을 다해 노래를 불렀지만 계속 '탈락'했다는 소식만 들렸다. 그런 일이 반복되면서 자존감, 체력, 금전 등이 바닥났다. 마지막이라는 생각으로 도전하고 지쳐 쓰러질 때쯤 신생 기획사에서 4인조 그룹에 합격했다는 소식을 듣게 되었다. 가수의 꿈을 90번이 넘는 오디션 끝에 시작할 수 있었다.

나는 지금도 '아이 러브 유'를 가끔 부른다. 포지션 선배에겐 죄송하지만 한때 트로트 가수다 보니 가끔 트로트

버전으로 부를 때가 있다. 그만큼 이 노래를 좋아하고 '나의 것'으로 만들었다는 이야기다. 지금은 발라드 느낌으로 꽉 담는다.

'I love you. 사랑한다는 이 말밖에는 해줄 말이 없네요.'

노래가사처럼 첫 오디션을 보기 위해 많은 것을 감내한 나에게 사랑한다는 말밖에는 들려줄 말이 없었다. 당당하게 오디션을 봤던 내가 고맙고, 사랑스럽다. 비록 그 꿈을 100% 이루지 못했지만, 도전 자체는 후회가 없다.

오디션을 보는 예비 후배들에게 해주고 싶은 말이 두 가지 있다. 하나는 현실적인 조언이다. 심사위원들은 좋아 보이는 노래가 아니라 나를 표현하는 노래를 듣고 싶어 한다. 자신을 표현할 수 있는 노래를 먼저 찾아라. 또 하나는 떨어지면 자기 근성을 테스트한다는 마음을 가져야 한다. 한마디로 떨어질 때 정말 가수가 되고 싶은지를 알 수 있는 절호의 기회로 생각해라. 정말 하고 싶다면 여러 번의 탈락은 당연한 일이다. 꿈을 가지고 오디션 보는 모든 사람을 응원한다. 첫 오디션 이야기는 부끄럽고 오글거리지만 꿈을 향한 첫발을 뗐다는 기억으로 소중하게 남아있다.

월드스타 '비',
눈물을 흘렸다

잠시 주춤했던 K-POP 열풍이 살아났다. 노래는 물론 외국어 실력과 인터넷 방송을 통한 친근감 등 거리를 좁히는 요소가 많아졌기 때문이다. 그룹의 경우 외국 친구를 섭외하여 친근감을 높이고 있다. 나 역시 한류스타의 꿈은 현재 진행형이라고 할 수 있다. 한류가 인기 있는 여러 가지 이유 중 하나는 춤이다. 사실 세계 어디에 내놓아도 한국 가수의 춤은 손색이 없기 때문이다. 여기에 노래 실력, 퍼포먼스, 외모까지 출중하다면 금상첨화일 것이다.

어느 가수든 지금처럼 춤추고 노래하기 위해 얼마나 노력했는지를 잘 알고 있다. 무대 뒤에서 피나는 노력을 한다. 나 역시 첫 오디션 합격 후에 춤이 얼마나 힘든지를 생생히 겪었다. 몇몇 어른들은 아이돌에 대해 곱지 않은 시선을 보내기도 하지만 만약 무대 뒤에서 자신의 꿈을 위해 노력하는 그들의 모습을 본다면 쉽게 평가할 수 없을 듯하다.

대한민국 남성 가수 중 춤으로는 이 분을 빼놓을 수 없다. 바로 '비(정지훈)'다. 솔로 활동 시작을 알린 <나쁜 남자>는 수많은 사람에게 충격을 주었다. 섹시하고 카리스마 넘치는 뮤직비디오 그리고 무대 위 춤은 에너지를 폭발시키는 태양과 같기 때문이다. 내가 그에게 반한 것은 당연한 일이다. 그런 비와의 인연이 있다. 솔직히 자랑하고 싶은 인연이기도 하다.

오디션에 합격하기 위해 고군분투했던 시절, 가수 비가 보육원에 온다는 소식을 들었다. 나는 그날따라 몸살이 심했다. 아침도 먹지 못하고 누워 있었는데 주위에는 아무도 없었다. 이불 속이 간절했지만 그가 온다는 소식에 강당으로 걸어 들어갔다. 강당에는 많은 사람들이 있었다. 멀리서 목소리가 들렸다.

"가수 비입니다. 본명은 정지훈이고요, 몇 년 전 가장 사랑하던 어머니가 돌아가셔서 사람이 더 그리워집니다. 그리고 연습생 때 피눈물 나게 고생했던 시절을 돌이켜 생각하니, 여기 있는 원생 여러분들이 더욱 가깝게 느껴집니다."

비의 인사말이 끝나기가 무섭게 강당에서는 뜨거운 환호와 함께 열정적인 박수가 터져 나왔다. 우리 또래에게 그는 신(神)적인 존재였다. 몸살은 어디론가 사라지고 '절대신' 같은 비를 바라보며 나는 꿈을 꾸고 있었다.

'저 모습이 바로 내가 꿈꾸던 모습인데…'

비는 참석한 모든 사람에게 정중하게 인사를 했다. 특히 원생들에게는 스스럼없이 어울리며 말동무 해주고 노래도 불러줬다. 나는 꿈인지 생시인지 모를 황홀감에 빠져 허벅지를 꼬집어보고 싶을 정도였다. 국보급인 세계스타 가수 비가 유명 콘서트장도 아닌 지방 변두리의 보육원에 와서 내 눈앞에 서 있지 않은가.

비에게 인사하고 싶었지만 사람들에 휩싸여 다가가기

어려웠다. 하지만 보육원에서도 평소 내 꿈이 가수라는 것을 알고 있던 터라 비에게 나를 인사시켜 주었다.

"오디션을 많이 봤다고요. 나도 한때는 참 많이 보았죠. 괜찮으면 노래 한번 들어봐도 될까요?"

"감사합니다. 제 노래를 들어 주시겠다니 영광입니다."

얼떨결에 비와 악수를 하면서 용감하게 대꾸를 했다. 그의 제안에 마음이 떨렸지만 나는 침착하게 노래를 불렀다. 그런데 하필 감기몸살이 있을 때 부른 노래라 그야말로 엉망이었다. 자학하면서 부르는 내 노래였지만 비는 눈감고 열심히 들어주었다. 허밍까지 해주며 심지어 따라 부르기까지 했다. 노래가 끝나자 관중들은 박수를 보냈는데 나는 얼굴이 빨개져 쥐구멍에라도 들어가고 싶었다. 그런데 열심히 오랫동안 손뼉을 쳐주던 사람이 비였다. 그는 나에게 다가와 어깨를 감싸고 다정하게 말했다.

"정말 잘 들었어요. 지금껏 들은 그 어떤 노래보다도 감미롭고 아름다웠어요. 가수의 소질이 나보다 나은걸요."

잠시 후, 말도 안 되는 상황이 벌어졌다.

"오늘은 여기 보육원에서 하루 묵고 갈 테니 우리 한 번

43

재미있게 놀아 봐요!"

내 몸살은 완전히 날아갔다. 몸살 때보다 더 몽롱한 행복에 젖어 뛸 듯이 기뻤다. 우리들은 보육원의 질서에 따라 차분하게 저녁 식사를 했다. 참석했던 기관장들은 모두 떠나갔고 원생들과 비만 남았다. 비는 원생들과 정답게 이야기를 나누다가 내 이야기를 가장 많이 궁금해했고 들어줬다. 이런저런 이야기를 나누면서 내 지난날까지 듣게 된 비는 눈물을 펑펑 흘렸다. 한참을 울고 난 뒤에 내 어깨를 감싸주며 위로했다.

"나는 성훈 씨가 꼭 가수가 될 것을 믿어요. 시련은 누구에게나 있는 거예요. 견뎌내고 반드시 가수가 되어 나를 찾아와요. 성훈 씨와 반드시 만날 수 있을 거라고 확신합니다. 기다릴게요."

세상 사람들이 나를 알아주지 않고 비웃고 무시하고 짓밟고 있었는데, 월드스타 비가 나를 인정하다니. 그는 나에게 희망의 등불을 밝혀 주었다. 다음 날 아침, 비와 헤어지는 자리에서 우리는 진한 포옹을 했다. 그리고 둘이서 하염없이 울었다. 비는 그날 세계적인 스타 비가 아니라 나를 친동생처럼 대해준 형이었다.

비가 말한 대로 나는 진짜 가수가 되어 나타나야 할 두 가지 이유가 생겼다. 전날 밤과 떠나는 날 펑펑 울면서 응원해준 비 앞에 가수가 되어 자랑스럽게 꼭 나타나야겠다는 각오, 그리고 나도 비처럼 훌륭한 가수가 되어 반드시 보육원을 찾아 꿈이 있는 아이들에게 격려를 해주자는 것이었다.

유명한 사람들이 보육원을 자주 방문하면 좋겠다. 자주 방문하게 되면 그곳에서 생기는 불미스러운 일들도 적어질 듯하다. 그리고 보육원 출신인 내가 유명 가수가 되면 나도 그곳에서 하룻밤을 보낼 생각이다. 아이들과 많은 이야기를 나눈다면 비처럼 공감과 감동을 줄 수 있을 것이다. 그리고 그들의 이야기를 들어주고 이것저것 물어보면서 함께 웃고 울리라. 아이들의 마음을 보듬어 안아주겠다. 그들에게 꿈과 용기를 심어주면서 살기로 다짐을 해본다.

꿈으로 버티고 버텼던 실패들

'조급해하지 말자, 조급해하지 말자. 과거보다 분명 좋아졌고, 앞으로 더 좋아질 것이다.'

모든 직업이 그러하지만 무명은 서럽고, 힘들다. 특히 대중과 호흡하며 살아가는 연예계는 무명에게 기회조차 주지 않을 때가 많다. 조급함을 이기는 마음 조절을 10대 후반에 알았다면 좋았을 터였다. 10대 후반에 오디션을 보고 신생 기획사에서 생활을 할 때 열심히 하면 데뷔할 수 있을 것 같은 희망이 있었다. 그렇기에 연습생 친구들과 통통

불은 라면을 먹었고, 카레 가루를 탄 물을 마시며 생활할 수 있었다. 지하철 탈 돈이 없어 걸어 다녔지만 데뷔한다는 기쁨으로 모든 것을 이겼다.

하지만 이 기쁨은 오래가지 않았다. 신생 기획사는 투자 받지 못하고 곧 문을 닫아야 했다. 크게 허탈감은 느끼지 못했던 것은 워낙 많은 오디션에 탈락했고, 잠깐이나마 같은 꿈을 가진 친구들과 함께할 수 있었기 때문이다. 문제는 성공하겠다고 올라와 빈손으로 돌아간다는 사실이었다. 창피했다. 그때 선택했던 것은 하룻밤 자는 데 15,000원 하는 방을 잡고 상하차 택배 하는 곳에서 돈을 벌어 오디션을 준비하자는 마음이었다.

상하차 택배는 많은 체력을 필요로 한다. 그렇기에 일당이 비싸다. 문제는 잘 먹지 못해 힘을 쓸 수 없다는 것이었다. 택배 상하차 일, 끊임없이 죄어오는 가난, 떨어지는 오디션 등 힘들었지만, 가장 힘든 것은 이 생활을 언제까지 할 지 알 수 없다는 것이었다. 만약 신이 "OO년 8월부터 가수가 될 수 있다."라고 말해줬다면 그 날만 바라보고 버틸 수 있었을 것이다. 하지만 기약 없는 시간이 지나자 나는 결국 고향에 내려갔다. 많은 눈물을 흘렸다. 기회조차 주지 않는 세상에 대한 원망과 실력 부족한 자신에 대한 서러움이었다. 고향에 내려가 다시 전문성을 키우고 보다 많은 사람을 만나는 계기를 마련하여 회복할 힘을 얻고자 했다.

그때를 돌아보면 철이 없었다는 생각을 한다. 세상을 만만하게 보는 젊은이들이 있다면 말해주고 싶다. 그때 왜 그렇게 조급했는지, 왜 그렇게 서툴렀는지, 왜 그렇게 눈물을 흘렸는지 말이다.

2015년 가요계의 핫이슈는 이애란 선배가 아닐까? '백세인생'이란 노래가 히트치면서 무명생활 25년을 청산했다. 그리고 바쁜 트로트 가수가 되었다. 인터뷰에서 그녀는 자신을 천생 가수라고 소개했다. 노래와 관련된 일만 했고, 소소한 아르바이트도 노래만 했다는 것이다. 25년이란 긴 세월을 버티게 해준 힘은 무엇이었을까. 아마 그것은 노래만 사랑하는 마음이지 않았을까. 빨리 뜨고 싶은 조급함보다 '백세인생'처럼 길고 유장하게 보는 마음도 영향을 준

것이리라. 트로트 장르에서 혜성처럼 등장하여 순식간에 뜬다는 건 행운이다. 그래서 작곡을 하는 트로트 가수에게는 자신을 닮은 노래가 있기 마련이다.

이애란 선배 외에 우리나라를 대표하는 소리꾼인 장사익 선배도 조급해하지 않고 기회가 오길 기다린 분이다. 그는 소리꾼이 되기 전에 15가지 직업을 가졌다. 보험회사 직원, 전자회사, 가구점 등 다양한 일을 했다. 그를 알리게 된 '서태지와 아이들'의 태평소 사연도 재미있다. 소리꾼이 되기 직전 그의 직업은 자동차 수리점 직원이었다. 어느 날, 서태지와 아이들 매니저가 자동차 수리점에 차를 맡겼다. 우연히 태평소를 불어줄 사람을 찾는다는 말을 듣고 자신이 할 수 있다며 지원을 했다. 이것이 '태평소 장사익'이 세상이 나온 계기이다. 장사익 선배는 46살에 데뷔를 하여 24년째 소리꾼으로 살아가고 있다. 장수하는 소리꾼이다.

오랫동안 사랑받고 있는 '찔레꽃'이란 노래가 있다. 이 노래 역시 그의 삶을 담았다. 어느 날 아파트 단지를 걷다가 우연히 짙은 향기를 느낀다. 주변에 피어있는 것은 장미꽃인데 장미꽃 향기가 아니었다. 자세히 살펴보니 찔레꽃이었다. 화려한 장미꽃 속에서 자신이 있다는 걸 향기로 표현하는 찔레꽃, 어쩌면 자신이 찔레꽃인지도 모른다는 생각을 했다. 데뷔 24년째, 생명이 짧은 연예계에서 그는 오랫동안 활동하고 있다. 조급해하지 않고 천천히 갔기 때문이다.

폭력과 상처로 얼룩졌던 삶이지만 수많은 사람 앞에서 노래하고 박수받으며, 그들의 이야기에 귀 기울여 줄 수 있는 것은 꿈이라는 원동력이 있기 때문이다. 월드스타나 한류스타는 아니더라도 자신의 꿈에 최선을 다하는 사람들은 모두 승리자라고 생각한다.

수많은 가수가 반드시 성공할 것이라는 희망을 품는 것도 중요하다. 하지만 그 꿈을 향해 전진하는 모습 자체가 더 멋지다. 오늘 무대에 있는 것을 즐기고, 그 즐거움을 관객과 함께 나눈다면 말이다.

폭력과 상처로 얼룩졌던 삶이지만
수많은 사람 앞에서 노래하고 박수받으며,
그들의 이야기에 귀 기울여 줄 수 있는 것은
꿈이라는 원동력이 있기 때문이다.

노래 실력 앞에 있는 '부모기재란'

거리에서 공연을 하는 버스킹이 인기다. 뮤지션들이 자신의 실력을 보여줄 수 있고, 관객은 높은 수준의 노래를 마음껏 들을 수 있다는 장점이 있다. 길을 가다 버스킹 공연이 있으면 나도 모르게 발걸음을 멈추게 된다. 어느 날, 앳된 얼굴에 갓 스무 살 남짓한 혼성그룹이 노래를 하고 있었다. 감미로운 목소리였다. 음악을 듣다가 10년 차 선배의 눈으로 보자는 생각을 했다. 바꿨으면 좋겠다고 생각한점이 하나 있었다.

노래에 집중한 나머지 관객과 눈길 한 번 나누지 않는 것, 청중과 교감을 나누는 눈빛 교환이 부족하여 아쉽다는 생각을 했다. 노래는 음과 박자의 조합이다. 여기에 가사를 넣는다. 하지만 노래하는 가수는 하나가 더 필요하다. 퍼포먼스, 바로 보여주는 쇼(Show)다. 그래서 가수는 '쇼 비즈니스'를 하는 사람이라고 부른다.

클릭 몇 번에 저렴한 가격으로 음악 듣기가 더 쉬워진 세상이 되었고 노래 잘하는 사람도 많다. 전 국민 놀이터인 노래방만 가더라도 가수 뺨치는 실력자가 많다. 이들을 가수라 부르지 않는 것은 가수는 쇼 비즈니스를 하는 사람이기 때문이다. 나 역시 이 쇼 비즈니스를 교육하는 곳에 들어가고 싶어 몸부림을 쳤다.

SM엔터테인먼트에서 첫 오디션을 보고 떨어진 후에 어느 정도 마음을 수습하고 대한민국의 오디션은 다 보겠다고 각오를 다졌다. 그런 각오로 100여 차례 오디션을 보게 되었다. 오디션은 100여 차례 봤지만 무대에 올라 본 것은 20번도 채 되지 않았다. 대부분 서류 심사에서 탈락하였다. 합격, 불합격은 비일비재한 일이었지만 서류 심사에서의 필터가 특히 심했다. 훗날 그 이유를 어느 오디션장에서 알게 되었다.

"성훈 씨? 가족란에 아무것도 없네요? 가족이 없나요?"

"네, 고아입니다."

"그럼, 생활은 어디서 하세요?"

"보호시설에서 하고 있습니다. 비록 보호시설에 있지만 열심히 할 각오는 되어 있습니다."

"노래 실력은 좋은데, 용기 잃지 마시고요. 다음에 보겠습니다."

오디션을 몇 번 보니 '탈락입니다.'를 '다음에 봐요.'로 바꿔 말한다는 사실도 알게 되었다. 다른 이유가 있을 수 있지만, 가족 없음이 얼마나 많은 영향력을 미치는지도 알게 되었다. 매번 서류를 작성할 때 가족사항란을 보면 가슴이 답답했다. 노래를 부르는 가수를 뽑는데 가족사항을 본다는 것이 이해되지 않았던 것이다. 아마 외국 방송국처럼 블라인드로 오직 목소리로만 뽑았다면 좋은 기회가 더욱 많았을 듯하다.

어쩌겠는가. 쇼 비즈니스 세계에 뛰어들기 위해선 많은

희생이 있어야 했다. 그중 가족의 지원은 많은 부분을 차지하고도 남는다. 당시 나는 어리긴 했지만 만약 기획사를 차린다면 절대 가족사항을 묻지 않겠다는 다짐을 하기도 했다. 이 꿈은 지금도 유효하다. 그때 나는 다음에 또 도전하자는 각오로 근처 화장실에 들어가서 눈물을 흘렸다.

"책임지지도 못하면서 왜 낳았냐고요? 책임을 못 져도 버리지는 말았어야지요. 당신들 때문에 어린 제가 이토록 고통을 겪어야 합니다. 도대체 왜요?"

그렇게 절규 끝에 부모를 향한 원망이 끝나면 희망을 품은 각오도 늘 한결같았다.

"오늘 또 실패했지만 포기는 없다. 반드시 사랑받는 가수가 되겠다. 세상아 기다려라!"

그래도 얼마나 다행스러운 일인가. 노래 실력이 형편없다느니, 그런 얼굴로는 무대에 설 수 없다느니 하는 말을 들었다면 진짜 절망했을 듯하다. 꿈도 희망도 사라졌을 것이다. 나는 서류심사에서 수없이 탈락하면서 세상의 부조리를 미워했다. 그리고 눈물은 아껴 오직 무대에 올라 오디션을 볼 때만 흘렸다.

서류 탈락이 많아지면서 한편으로는 희망도 생겼다. 부모기재란의 빈 곳이 절대적이지 않다는 사실을 알았다. 서류를 1,000번 넣으면 100번쯤 오디션을 볼 수 있었기 때문이다. 또한 오디션으로 성공한 가수 중 금수저가 몇 명이나 될까. 결국 자기 실력이고 노력이 중요하다. 나는 오디션에 도전하기를 반복했다. 그러다가 신생 기획사에 합격했다는 소식을 듣게 되었다.

'결국, 되는구나.'

노래가 정말 좋다 해도 가수가 될 필요는 없다. 노래를 취미나 부업으로 할 수도 있다. 아니면 음악 관련 일에 종사할 수도 있다. 가수 말고도 음악을 즐기면서 할 수 있는 일이 참 많다. 하지만 꼭 가수가 되겠다면 단단한 각오가 필요하다. 만약 오디션으로 가수가 되고 싶다면 더 각오를 해야 한다. 무수하게 떨어질 수 있기 때문이다.

오디션에 합격하고 싶다면 방법은 간단하다. '될 때까지 해보는 일'이다. 과정은 쉽지 않겠지만 방법은 명쾌하다.

나를 키워주겠다는 무서운 제안

"안녕하세요. <대박이야> 트로트 가수 신성훈입니다."

'대박이야'를 부르고 있으니 어디서든 당당하게 나를 소개할 수 있다. 가수는 물론 연예인에게 기획사는 중요하다. 좋은 기획사에서 체계적으로 훈련을 받는다면 연예인으로 성공할 가능성이 높아지기 때문이다. 반대로 능력이 뛰어나도 기획사의 잘못된 판단(콘셉트, 노래선정, 언론대응 등)으로 위기에 빠질 수 있다. 개인의 역량도 중요하지만 함께하는 기획사의 역량 역시 중요하다.

얼마 전 '기획사를 탈퇴한 연예인을 고소하겠다.'고 한 뉴스를 본 적이 있다. 잊을 만하면 터지는 게 기획사와 기획사 소속의 연예인 문제이다. 서로의 이권이 개입된 상태라 분쟁은 어쩔 수 없다. 하지만 씁쓸한 것은 사실이다. 사실 엔터테인먼트 사업에서 기획사 개념이 시작된 것은 오래되지 않았다. 우리나라에 기획사 연예인이 본격화된 것은 1980년 김완선, 소방차 등 중소 기획사의 등장 때부터다. 그 후 서태지와 아이들, 듀스, 잼이 등장했고 HOT, SES 등 아이돌 1세대가 무대에 오르며 이수만 씨 같은 탁월한 기획자가 널리 알려졌다.

나 역시 1세대 아이돌의 영향을 많이 받고 자랐다. 1세대 아이돌이 물러나고 2세대 아이돌인 동방신기, 원더걸스가 등장하면서 기획사도 체계적인 시스템으로 아이돌을 양성했다. 2세대 아이돌은 TV는 물론 인터넷과 SNS 홍보로 성장하고 있다. 유명 기획사로는 SM엔터테인먼트, YG엔터테인먼트, JYP엔터테인먼트가 있다. 이곳은 체계도 잘 갖춰진 상태이고 동남아에서 시스템을 배워갈 정도로 유명하다. 짧은 기간 안에 성장한 산업이라고 볼 수 있다.

물론 짧은 기간의 성장이라 문제가 많을 수 있다. 특히 수익구조의 배분이다. 방송에 나온 모 아이돌 가수는 4년간 활동 수입이 '0'원이라 말하여 모두를 놀라게 했다. 연예계를 모르는 사람에게는 놀라운 일이지만, 조금만 관심 있는 사람은 다 알고 있는 시스템적인 문제가 있다. 가수에게 수익이 전부는 아니지만 그렇다고 가볍게 여길 부분도 아니다. 수익은 분명 연예활동에 큰 동기부여를 해주기 때문이다.

다행히 엔터테인먼트 사업이 성숙하면서 관련 계약이나 시스템도 발전하고 있다. 나 역시 작든 크든 엔터테인먼트 발전에 기여하고 싶다. 그 이유는 간단하다. 나를 키워주겠다는 황홀한 말만 믿고 불공정한 기획사에서 일한 경험 때문이다. 꿈이 있는 사람과 공생을 모색하지 못하고, 오직 그 열정을 빼앗아 배 불리는 일이 없어야 하기 때문이다. 기획사의 횡포를 직접 경험했던 시절이 있었다.

대학교에 다니며 음악 지식을 쌓아갈 때쯤 정식으로 오디션 합격 소식을 받았다. 나는 졸업 후 진로를 고민하고 있었기 때문에 그 기쁨이 말할 수 없었다. 기획사에서는 실력이 충분하니 바로 공연에 뛰게 하겠다는 것이었다. 그런데 기획사 대표는 내 콘셉트나 발전 같은 것에는 관심이 없었다. 필요한 것은 수익이었다.

기획사 특성상 나는 지방을 다닐 수밖에 없었다. 처음에는 열심히 하면 될 것으로 생각하고 정말 열심히 뛰었다. 전국 팔도를 다 돌아다닌 것 같다. 사람이 30명가량 모인 곳이면 다 다녔을 거라는 우스갯소리를 할 정도다. 전통시장 축제, 체육대회, 야유회, 송년회 등 안 다녀본 곳이 없다. 하지만 행사를 그렇게 다니고 전국을 움직여도 내 통장은 늘 비어 있었다. 더욱이 나를 옥죄여 온 건 내가 고아라는 사실을 알고 멸시한 일이었다. 폭언과 욕설이 도를 넘은 것이다. 당장 통장에 돈이 없으니 밥을 굶어야 했다.

그렇게 7개월간 기획사 가수가 아닌 사장 개인의 욕심을 채우기 위한 활동을 했다. 그리고 그 과정에서 근거 없는 위약금 마련을 위해 밤무대를 뛰어야 했다. 돌아보면 계약이 가진 갑질이었다. 기획사가 수익의 70% 이상을 가져가고 가수는 30% 미만이다. 여기에 말이 30%이지 의상비, 숙박비, 식비 등을 제외하면 수중에 남는 게 없었다. 처음 계약할 때 7:3이라는 조건은 가수가 된다는 희망으로 받아들인 것이었다. 또한 당시 관행처럼 된 조건이기도 하다.

청춘들의 순수한 열정을 가지고 장사하는 사람이 더러 있다. 이익을 추구하는 사회가 아닌가. 그렇다면 공정해야 한다. 이익을 추구하는 과정에서 투명하게 서로 받아들일 수 있도록 공정해야 한다. 청춘들의 순수한 열정을 돈으로 바꾸고 싶다면, 열정에 집중하기보다 계약 관계를 개선할 필요성이 있다. 계약 관계 개선을 통해 열정에 더 기름을 부을 수 있다.

7개월간의 지독한 착복과 그 후에 물어야 했던 위약금 때문에 나는 밤무대에 올랐다. 그러면서 하나, 하나 생각을 정리할 수 있었다. 결국 가수의 길은 내가 만들어가야 한다는 사실을 다시 한번 깨닫게 되었다. 누구에게 의존하거나 의지하지 않고 혼자 힘으로 해야 했다. 방법은 하나였다. 실력 있는 가수가 되는 일이었다. 결국 그때부터 가수의 본질인 노래 실력에 대해 고민하게 되었다.

앨범을 가진 정식 가수가 되다, 하지만

CHAPTER 2

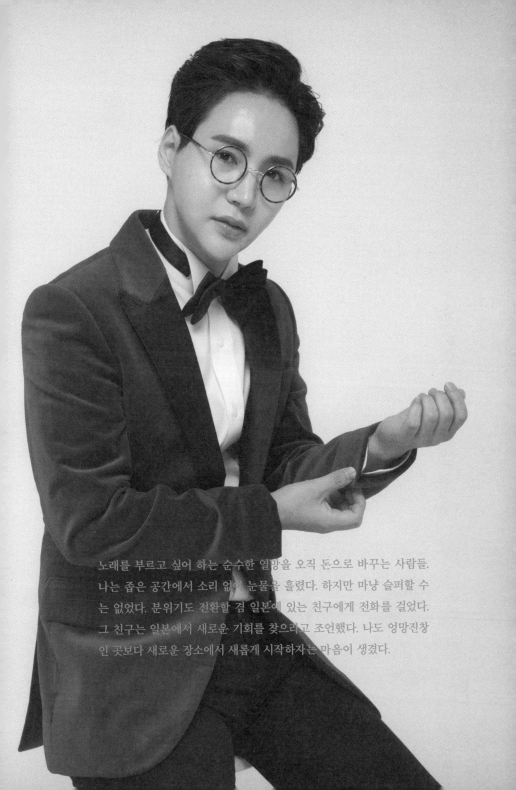

노래를 부르고 싶어 하는 순수한 열망을 오직 돈으로 바꾸는 사람들. 나는 좁은 공간에서 소리 없이 눈물을 흘렸다. 하지만 마냥 슬퍼할 수는 없었다. 분위기도 전환할 겸 일본에 있는 친구에게 전화를 걸었다. 그 친구는 일본에서 새로운 기회를 찾으라고 조언했다. 나도 엉망진창인 곳보다 새로운 장소에서 새롭게 시작하자는 마음이 생겼다.

첫 앨범,
내 이름으로 된 '그 무엇'

2003년, '플라이 엠'이라는 2인조 남성그룹으로 전국을 돌아다녔다. 바쁘게 움직였지만 통장은 늘 텅텅 비어 있었다. 그리고 기획사 대표의 폭언은 끝이 없었다. 결국 그곳을 탈퇴해야만 했다. 대표는 나에게 들어간 돈이 있다며 끝까지 책임을 물었다. 나는 근거 없는 돈을 무를 수는 없었지만 싸우기조차 싫었다. 지쳤다는 뜻이기도 하다. 밤무대에 나가면서 생활비를 아껴 쓰며 최대한 빨리 갚아나갔다. 갚는 과정에서 통화로 듣는 온갖 폭언은 덤이었다.

노래 부르고 싶어 하는 순수한 열망을 오직 돈으로 바꾸는 사람들, 나는 좁은 공간에서 소리 없이 눈물을 흘렸다. 하지만 마냥 슬퍼할 수는 없었다. 분위기도 전환할 겸 일본에 있는 친구에게 전화를 걸었다. 그 친구는 일본에서 새로운 기회를 찾으라고 조언했다. 엉망진창인 곳보다 새로운 장소에서 새롭게 시작하자는 마음이 들어 나는 일본 진출에 희망을 걸었다.

집안의 돈 될 만한 것들을 팔아서 겨우 일본행 비행기를 탔다. 공항까지 마중 나온 친구와 나는 얼싸안고 울었다. 한국에서 겪은 고생을 다 알고 있었던 속 깊은 친구였다. 친구 집에 머무는 사이, 어쩌다가 이 지경까지 되었나 하는 생각이 밀려왔다. 참고 참았던 눈물과 원망스러움이 봇물 터지듯 쏟아져 일주일간 이어졌다.

그 모습을 본 친구는 이러다가 정말 죽을 수도 있겠구나 싶었는지 자신이 알고 있는 라이브 바를 소개해주었다. 한국 노래를 불러도 전혀 상관하지 않는 곳이었다. 라이브 바에서 면접을 보았는데 그곳 사장은 노래를 부를 수 있게 흔쾌히 허락을 했다. 그때 제법 많은 월급을 받았다. 처음에는 분위기가 익숙지 않아 실력을 제대로 발휘하지 못했지만 차츰 안정을 찾아갔다. 나를 찾는 팬도 여럿 생겨났다. 그리고 돈도 고스란히 내 것이 되었고, 친구에게도 생활비 주며 마음 편하게 생활할 수 있었다.

노래를 부를 수 있는 무대와 노래를 들어주는 사람, 거기에 따른 합당한 보상 그리고 나를 인정해주는 친구, 짧지만 참으로 행복한 나날이었다. 지금껏 살아오며 가장 행복한 순간으로 더 이상 욕심낼 게 없었다. 이 행복이 오래가길 간절히 바랄 뿐이었다.

일본 라이브 바에서 노래를 부르던 어느 날, 노래가 끝나자 사장이 나를 불렀다. 그 옆에 잘생긴 중년 남성이 기다리고 있었는데, 일본에서 기획사를 운영하는 대표였다. 내 노래를 잘 들었다는 칭찬과 함께 일본 활동에 관해 이것저것 물었다. 한국에서 기획사에 들어가고 싶어 몸부림쳤던 기억을 생각하면 말도 안 되는 상황이었다. 기획사 대표가 나를 찾아오다니, 그것은 기적이었다. 하지만 나는 망설였다. 기획사에 대한 좋지 않은 기억 때문이다. 그래도 일본의 기획사는 다를 것이라고 생각했다. 그 기획사와 함께 일본에서 활동하기로 했다.

　계약 후에는 라이브 바에서 노래 부르는 시간을 제외하고 앨범제작에 전념했다. 앨범제작 담당자는 목소리가 좋다는 칭찬과 함께 일본에서 인정하는 외모라며 좋아했다. 내가 일본에서 활동하는 장근석과 닮았다고 했다. 무언가 묘한 기분이 들었다. 기획사가 나에게 요구하는 건 없었다. 스케줄 잘 소화하고 노래 잘 부르기만을 바랐다. 그렇게 해서 첫 앨범이 탄생되었다.

　앨범의 콘셉트는 '지금 시작'으로 콘셉트가 좋았다. 다시 새롭게 시작하고 싶은 나의 열망을 담았다. 기획사도 다시 잘 해보자는 의미가 있다며 좋아했다. 앨범 촬영은 긴 머리에 하얀 모자 그리고 주변에 갈대가 있는 한적한 곳에서 이루어졌다. 갈대 분위기가 낭만적이었고 가수 이미지는 몽롱한 분위기로 연출했다. 내 앨범을 칭찬하는 것 같지만 지금 나오더라도 손색없을 만큼 매력적인 이미지였다.

　첫 이미지를 받아본 순간 나는 울컥했다. 표지도 마음에 들었지만, 내 얼굴이 들어간 앨범을 낸다는 감격 때문이었다. 그렇게 2009년, 첫 오디션을 본지 10년 만에 앨범을 냈다. 국내보다 더 넓고, 더 치열하지만 가능성 큰 일본에서 앨범을 낸 것이다. 앨범을 들고 가서 선물해주고 싶은 사람들이 많았다. 나는 선물을 건네면서 꿈을 이루었다고 말하고 싶었다.

그 후에 중성적인 이미지와 분위기 있는 노래로 콘서트를 열었고 팬 미팅까지 했다. 잠시 우쭐한 생각도 들었다. 당시 한국으로 돌아갈 계획을 세우지 않았던 것은 앨범 콘셉트처럼 무언가 제대로 시작했기 때문이다. 그 시절을 회상하면 지금도 웃음이 난다. 행복한 순간이었기 때문이다.

하지만 좋은 일만 있을 것 같았던 일본 생활에 문제가 터지기 시작했다. 먼저 비자 문제가 불거졌다. 일본에 체류할 수 있는 비자는 1년 6개월짜리였다. 비자가 만료되기 전 다시 한국에 가야 했다. 취업비자를 신청했지만 받아주지 않아 한국에 가서 비자를 발급받고 일본에서 활동을 했다. 한국에서 일본으로, 다시 한국으로 움직인다는 것이 쉬운 일이 아니었다. 비용은 둘째로 치더라도 스케줄 관리가 안 되었다. 스케줄이 꼬이면 기획사의 의지도 꺾이고 만다.

다른 문제는 실력 있는 한국 가수들이 일본에 대규모로

진출하기 시작했다는 점이다. 배우 배용준, 장근석이 출연한 드라마가 성공적으로 일본 안방을 차지하면서 그와 관련된 OST도 인기를 끌었다. 이 분위기에 맞춰 아이돌 가수들이 대거 일본에 진출했다. 한국 가수 콘셉트도 한몫했던 내가 설 자리는 좁아지기 시작했다. 기획사가 나를 밀어주기에는 한계가 있었다.

꿈만 같았던 일본 생활에 위기가 찾아왔다. 결국 나는 다시 짐을 싸서 들고 한국행을 결정했다. 일본에서 성과가 없었던 건 아니었다. 일본시장 진출 가능성을 보았고, 관계자들도 알게 되었다. 가장 큰 성과는 첫 앨범이었다. 나는 다시 한국에 돌아왔다. 첫 앨범으로 앨범을 가진 정식 가수로서 말이다.

〈백 투 마이 페이스〉,
성형수술과 위태로운 희망들

　방송에서도 이야기했던 성형수술에 대해 말하고 싶다.
나는 10대 시절 보육원에서 당한 구타로 인해 귀에서 고름
과 피가 나왔었다. 치료를 제때 받지 못해 고름이 얼굴에
들어가 그 후유증으로 얼굴은 검은색을 띄게 되게 되었다.
햇볕에 탄 건강한 색이 아니라 기분 나쁜 검은색이었다.

　고름이 나오기 시작한지 5년이 지난 후에야 나는 제대로
된 치료를 받을 수 있었다. 수술을 받고, 원래 피부로 돌아
왔다. 변화된 피부를 보고 나는 몸에 대한 야릇한 감정을

느끼게 되었다. 당시 몸에 칼을 댄다는 무서움보다 더 좋아
진다는 생각에만 집중했다. 왼쪽 뺨에는 크게 부풀려진 흉
터가 있었고 그로 인하여 일상생활에서 나를 주눅 들게 했
다. 흉터를 제거하기 위해 성형외과를 찾았다. 반대쪽 살을
깎아 붙이는 수술이었다. 수술은 위험하여 한 번에 하지
못했기에 여러 번 나누어 진행했다. 흉터는 제거했지만 반
대쪽 살을 많이 깎아 얼굴이 균형을 잃었다. 나는 얼굴 전
체의 균형을 되찾기 위해 다시 성형수술을 해야만 했다.

성형외과 출입이 잦아지자 내 직업을 알게 된 원장은 성
형수술을 권유했다. 얼굴에 칼을 댄다는 사실에 거리낌이
없어진 상태였고 가수가 되기 위해 분투했던 시기였다. 당
시 연예계는 성형수술이 유행했다. 과거에는 성형 사실을
숨겼지만 지금은 다들 당당하게 말하고 카메라에 한 번 더
잡히는 요소가 되기도 한다.

나 역시 흉터 제거 수술을 하면서 성형수술을 겸하기도
했다. 이미 <백 투 마이 페이스>란 프로그램에서 상세하게
말했다. 수술과 함께 필러를 맞으면 무언가 모를 자신감이
생겼다. 필러를 맞으면서 몇 차례 성형수술이 이어졌다. 성

형 수술 30회에 비용은 약 3,000만 원이었다.

'이게 아닌데…'

절제해야겠다는 생각이 드는 순간, 이미 너무 멀리 와 있었다. 필러에 중독되어 얼굴이 부자연스럽게 변해 있었던 것이다. 누가 봐도 자연스럽지 않은 얼굴이었다. 무대에서 노래를 부를 때도 그 시선을 느낄 수 있었다. 신기한 듯 핸드폰 카메라로 내 얼굴을 찍고 웃는 사람까지 눈에 띄었다. 나는 자신감이 급속도로 떨어졌다. 자신감을 잃게 되자 누구를 만난다는 것 자체가 싫었다. 나도 모르게 '성형괴물'이 된 듯했다. 단지 뺨에 있는 흉터를 제거하고 싶었을 뿐이었는데, 균형을 잡아주기 위해 여러 번 수술하면서 성형의 권유를 뿌리치지 못한 탓도 있었다. 무언가 잘못되었다고 느꼈을 땐 이미 어색한 얼굴이 되어 있었다.

수술과 필러의 부작용도 만만치 않았다. 그렇게 우울한 나날을 보내던 2014년 어느 날, 방송 제의를 받게 되었다. <백 투 마이 페이스>란 프로그램이었는데, 성형수술을 많이 받은 사람을 대상으로 본래 얼굴을 찾아주는 프로그램이었다. 프로그램은 전문가 상담과 자기 고백, 마지막은 본래 얼굴을 찾는 성형수술 공개로 이어졌다. 성형 공화국인 대한민국에 경종을 울리는 방송으로 나는 출연자 5명 중 가수라는 직업 때문에 주목을 받았다.

촬영하던 날 연예인 패널들은 나에게 '트랜스젠더', '해바라기를 입에 넣은 햄스터' 같다는 평을 했다. 그리고 성형수술을 한 계기와 과정을 방송에 담았다. 수술 전 촬영을 끝내고 수술대로 이동했다. 필러를 제거하는 안면 거상 수술 등 오랜 시간에 걸쳐 수술이 끝났고 재활에 들어갔다. 수술 후 거울에 비친, 밝은 내 얼굴을 보고 너무 기뻤다. 수술 후 촬영에 들어가기 전, 누군가 내 심정에 관해 물었다.

"들어가기 전에는 카메라를 피해 다녔다. 하지만 수술을 하고 난 후에는 자신감도 생기고 사람들 앞에 웃는 얼굴로 다가갈 용기도 생겼다."

정말 카메라 앞에 서는 일에 자신감이 생겼다. 셀카를 함께 찍자는 팬들을 피해 다녔지만 지금은 당당히 찍고 있다. 수술 후에 노래에도 더욱 전념할 수 있게 되었다. 사람들은 나에게 묻는다. 다시 필러나 성형수술을 할 생각이 없는지 말이다.

나는 "절대 없다."고 말한다. 종종 성형수술에 관해 묻는 연예인 친구들이 있다. 나는 성형수술을 추천하지만 여기에는 조건이 있다. 스스로 설정한 기준만큼만 하라는 것이다. 아무리 좋아도 과도하면 탈이 나는 법이다. 성형수술을 하면서 점점 변해가는 내가 좋았다. 하지만 '이래서 성형수술을 하는구나.'라는 생각이 들 때 거기에서 멈춰야만 했다. 누군가의 권유나 추천은 단호하게 거절할 줄 알아야 하는 것이다.

관상에 대해선 잘 모르지만 어렴풋이 알고 있는 것이 하나 있다. 사람마다 자신에게 가장 잘 어울리며 균형 잡힌 눈, 코, 입, 귀, 볼, 얼굴형 등을 가지고 태어난다는 것이다. 만약 코를 조금 더 세운다면 균형이 깨지게 된다. 균형을 맞추기 위해선 다른 곳을 함께 성형해야 한다. 그렇게 균형을 맞췄다면 멈춰야 한다. 이때야말로 절제가 필요하다. 경험자로서 하는 말이다.

우리는 항상 '나다움'을 강조한다. 외모도 마찬가지다. 나다움을 추구하는데 외모를 고치고 자신감을 얻을 수 있다면 성형은 필요하다. 하지만 나다움을 넘어버린 성형수술은 부작용을 낳고, 자신감을 떨어뜨린다.

<백 투 마이 페이스> 출연 이후 나는 나다운 얼굴을 찾았다. 노래 역시 나다움을 찾기 위해 노력하면서 부르고 있다. 이 프로그램을 섭외해준 PD님과 수술을 해주신 의사 선생님께 감사를 드린다.

방송 <백 투 마이 페이스> 출연

나는 출연자 5명 중 가수라는 직업 때문에 주목을 받았다. 패널들은 나에게 '트랜스젠더', '해바라기를 입에 넣은 햄스터' 같다는 평을 했다. 그리고 성형수술을 한 계기와 과정을 방송에 담았다. 필러를 제거하는 안면 거상수술 등 오랜 시간에 걸쳐 수술이 끝났고 재활에 들어갔다. 수술 후 거울에 비친, 밝은 내 얼굴을 보고 너무 기뻤다.

눈물마당이 된 아침방송과
가슴으로 키운 엄마와의 만남

    평일, 바쁜 출근 시간이 끝나면 정보와 함께 우리네 사는 이야기를 하는 KBS1 <아침마당>을 볼 수 있다. 나는 지역방송까지 포함하여 <아침마당>에 10회 출연했다. 확신할 수 없지만 최다출연 20위권에 들어간다고 생각한다. 내 이야기와 꿈을 찾는 과정에 그만큼 많은 사람이 응원을 보냈다는 것이다.

    2009년 여름, 첫 <아침마당> 출연에서 사회자, 방청객 모두 눈물바다가 된 적이 있다. 3회 연속 출연했으니 3일동안 눈물바다를 이루었다. 방송에서 가장 궁금해한 것은 어떻게 버려졌고, 영아원과 보육원 생활이 어떠했는지에 관한 것으로 대부분 비슷했다. 나는 첨가 없이 있는 그대로 이야기를 했다. 보호시설에서 당한 폭력과 욕설, 인권유린, 치료받지 못하고 5년간 고름만 닦아낸 이야기 등 '방송용'이라 살짝만 이야기해도 방청석에서는 경악을 보냈다.

방송을 눈물로만 할 수 없었다. '가수'라는 꿈을 향해 달려가는 모습도 이야기를 했다. 방송이 끝나자 사회자와 담당 PD는 가족을 찾아주겠다고 약속했다. 나를 위로하는 약속이 아니라 정말 열심히 찾았고 애써주었다. 하지만 25년이란 세월은 너무 많은 걸 잊게 했다. 아무리 애써도 25년 전의 기억과 잃어버린 가족은 찾기 힘들었다.

방송에서 가족 찾기 못지않게 중요한 인연을 만났다. 유명 트로트 작곡가를 만나고, 그분의 제안으로 트로트 가수가 되었다. 아침마당 출연 후 SBS <모닝와이드>에 출연했으며 나를 알리는 데 가장 큰 역할을 했던 KBS2 <내 생애 마지막 오디션>에 참여할 수 있는 인연도 만들었다. 나를 응원하는 사람이 점점 늘어났고, 출연요청과 강의, 초대

가수로 많은 섭외가 들어왔다. 행복하고 감사한 순간들이
었다.

<아침마당>은 가족을 찾기 위해 나갔다. 그런 의미에
서 진짜 가족을 찾은 셈이다. 나를 가슴으로 키워준 엄마
를 만난 것이다. 보육원에서 나를 각별히 아껴주었고 가끔
집에 데려가서 재워준 엄마, 처음으로 보육원이 아닌 가정
집의 따뜻함을 경험하게 했던 분이다. 그때 우연히 방송을
본 엄마는 즉시 방송국으로 연락을 해왔다. 우리는 다시 극
적으로 재회할 수 있었다. 내가 보육원을 탈출했다가 들어
가고 다시 탈출하기를 반복하면서 연락이 끊겼었다. 그런
데 방송에서 흘러나온 익숙한 목소리 때문에 엄마는 나를
금방 알아봤다.

"이게 누구냐? 꿈이냐 생시냐, 성훈아! 사랑하는 내 아
들, 눈에 넣어도 아프지 않을 내 새끼 성훈아!"

"후원자님, 아니 엄마, 저 성훈입니다. 성훈이가 이렇게
컸어요. 그간 찾아뵙지 못해 죄송합니다. 보고 싶었어요.
사랑합니다."

우리는 모자지간이 오랜만에 만났을 때처럼 자연스러웠

다. 역시 오랜만의 만남이라 서로 애틋하게 부둥켜안고 눈물을 흘렸다. 많이도 울었다. 나는 그때부터 친엄마를 찾을 필요성을 느끼지 못했다. 어린 시절부터 '이 분이 내 엄마라면 좋겠다.'라고 마음먹고 있었기 때문이다. 그리고 먼저 "내 아들, 내 아들!"을 말씀해주셨기 때문이다. 진심으로 사랑해주셨으니 내가 진짜 아들이고 그분은 진짜 엄마였다. 누구를 더 찾을 것인가? 가슴으로는 이 분이 친엄마인데 말이다.

상봉 이후 우리는 혹여 또 연락이 끊길까 봐 자주 연락했고 만났다. 그렇게 1년이 지나면서 나는 더 이상 그분을 후원자님이라고 부르지 않는다. 어머니도 아니고 어머님도 아니고 그냥 '엄마'라고 불렀다. 그리고 정식으로 입양이 되었고 나는 이젠 더 이상 고아가 아니었다.

서류에 올렸다는 이유로 정식이고 공식적이라고 말할 필요도 없다. 그래도 합법적(?)인 상황을 만들어 마음이 편했다. 나는 엄마에게는 진짜 아들이고, 엄마는 내가 꿈꾸던 진짜 엄마다. 엄마가 낳은 형이 둘 있었으니 나는 늦둥이로 낳은 것이다. 늦둥이가 받는 예쁨도 톡톡했고 지금도 받고 있다. 내 가족에게 고맙고 또 고맙다.

방송 후에 엄마는 동네에서 오해 아닌 오해를 사기도 했다. 애타게 엄마를 찾고 있었는데 그 엄마가 나타났다고 하자 동네 사람들은 "아무리 어려워도 그럴 수 있냐?"라는 말을 했다고 한다. 가슴으로 낳은 엄마라는 걸 이야기하지 않아서 생긴 오해이다. 오해가 무슨 상관있나. 안아주고, 격려해주고, 따뜻하게 사랑해주는 엄마가 있는데 말이다.

<아침마당> 출연으로 시청자들에게 안타까운 눈물을 흘리게 했지만 엄마와 나는 행복의 눈물을 흘렸다. <아침마당> 같은 방송이 많아져서 국민들에게 사랑도 받고, 나처럼 가족이 행복해지는 사연들이 많아졌으면 좋겠다.

아직도 꿈을 향해 달려가고 있는 아들이 나온 방송, 단지 슬픈 이야기의 주인공으로 출연했는데 오래전 잃었던 친아들을 방송을 통해 만났다는 이유로 엄마는 꼬박꼬박 <아침마당>을 챙겨본다. 나는 그 고마움을 갚기 위해 수많은 사람이 응원하는 멋진 가수라는, 꿈을 향해 달려가고 있다.

방송 <아침마당> 출연

<아침마당>은 가족을 찾기 위해 나갔다. 그런 의미에서 진짜 가족을 찾았다. 나를 가슴으로 키워준 엄마를 만난 것이다. 보육원에서 나를 각별히 아껴주었고 가끔 집에 데려가서 재워준 엄마이다.

나이트클럽과 전국 행사장 전문 가수

대학 신입생이 가장 가보고 싶어하는 곳 중의 하나는 나이트클럽이 아닐까. 매년 1월 1일에는 나이트클럽마다 행사를 한다. 주민등록상 성인이 된 20세들을 위한 행사로 싱그러운 젊음을 느낄 수 있는 시간이다. 과거나 지금이나 나이트클럽에 대한 시선은 교차한다. 나에게 있어 나이트클럽은 놀러 간 곳이 아니라 돈을 벌기 위해서 갔던 곳이다.

부천에 있는 나이트클럽과 강원도 평창, 횡계에 있는 나이트클럽에서 일을 했다. 일주일에 3회 출연을 계약하고 노래를 불렀다. 나이트클럽에서 일할 때 참 열심히 사는 사람을 많이 보았다. 출연하는 가수들 대부분은 자신의 앨범이 있고 경력 또한 꽤 있다. 실력도 갖춘 가수들이다. 노래만 하고 바로 움직여야 하는 교대 특성상 서로 많은 이야기를 할 수는 없지만 전후 타임에 있는 가수들과는 잠깐씩 이야기를 나눈다. 데뷔를 앞두고 희망에 차 있는 가수, 여전히 한 우물을 파는 가수, 다른 일로 전직을 준비하는 가수 등 다양하지만 공통된 모습이 하나 있다. 피곤하고 치열하지만 모두 최선을 다해 노래하고 춤춘다는 것이다.

나이트클럽에서 부르는 노래는 한 타임에 1시간 정도로, 중간에 조용한 노래(일명 블루스 타임)를 부르면 끝이 난다. 스테이지에 있는 사람들은 모두 흥이 난다. 오버하는 사람 때문에 가끔 사고가 나기도 하지만, 가수로서 치열한 현장을 느끼기에는 충분한 곳이다. 나를 자극하는 건 열심히 일하는 사람이 많다는 점이다. 나이트클럽에 대해 곱지 않은 시선을 보내는 사람이 있다면 그 속에서 열심히 사는 이들을 먼저 보는 것이 어떨까.

지방공연을 할 때면 장거리 이동이 힘들지만 피곤한 몸

을 이끌고 무대에 올라간다. 3곡을 부르고 이런저런 이야기를 하다 보면 15분 정도 흘러간다. 그 15분을 위해 전국 팔도를 돌아다녀야 한다. 이것이 행사장 가수의 숙명이기도 하다. 전업 트로트 가수 중 전국 기행을 안 해본 가수는 드물다. 5월, 9월은 트로트 가수에게 '시즌'이라고 할 수 있다. 선배 가수의 조언처럼 단단한 하체 근육과 차 안의 생활에 익숙해져야 한다. 행사장 가수가 겁내는 것은 '국민적 이슈'다. 전 국민에게 엄숙함이 필요한 이슈가 있을 때 행사들은 줄줄이 취소된다.

행사나 축제에서 노래와 함께 중요한 요소는 '토크 서비스'라고 할 수 있다. 이동 중에 행사나 축제의 이름을 암기하고 또 암기한다. '참외' 축제를 '방울토마토' 축제로 부를 수는 없다. 기업도 마찬가지다. 회사명을 잘못 불렀다는 큰일이 난다. 보통 행사 축제 때는 CEO가 앞자리에 앉아 있다. 회사명을 잘못 불러 인상을 구기면 이벤트 업체에 바로 클레임이 들어온다. 이동 중에 입에 머물 정도로 암기를 한다. 가수는 노래만 잘하는 사람이 아니라 암기도 잘해야 한다.

또한 행사나 축제에서 가장 중요한 것은 진행자와의 호흡이라고 볼 수 있다. 진행자가 던지는 질문을 잘 받아쳐야 한다. 만약 우물쭈물하면 그 순간, 분위기가 확 떨어진다. 초보 시절에는 장난이 심한 진행자를 만나면 당황스러웠다. 하지만 지금은 나도 임기응변이 늘었다. 가끔 멋진 말을 하는 자신에게 깜짝 놀랄 때도 있다.

　어느 주말 오전, 늦잠을 자다가 동네 주민(?)차림으로 가까운 마트에 갔다. 이것저것 골라서 카트에 담고 있는데 대학생으로 보이는 두 여성이 나를 보며 웃고 있었다. 대수롭지 않게 생각하고 있었는데, 한 여성이 다가와 "혹시 가수 신성훈 씨 아닌가요?"라고 물었다. 나는 당황한 얼굴로 "네 맞습니다."라고 말했다. 자세한 이야기를 들어보니 한 달 전 축제가 있었던 모 대학교의 학생들이었다. 감미롭거나 신나는 노래를 가창력 있는 목소리로 연달아 불러 기억에 남았다고 했다.

　그들은 함께 사진을 찍자고 제안했다. 트레이닝복에 운동화 차림이라 잠깐 멈칫했지만, 이 모습도 나의 모습이라는 생각에서 당당하게 사진을 찍었다. 이런 일은 <1대

100>, <내 생애 마지막 오디션>, <아침마당>, <백 투 마이 페이스> 등 방송을 타면서 자주 생겼다. 그래서 외출할 때는 옷차림을 한 번 더 점검한다.

나이트클럽과 행사, 축제는 나에게 여러 가지 추억을 만들어준 곳이다. 이곳에는 우리네 삶이 있고 이야기가 있다. 그래서 더욱 정감이 간다. 나는 당당하게 말할 수 있다. "영혼을 담아 부르고 싶은 노래를 최선을 다해 부를 수 있고, 그렇지 못하더라도 수많은 사람과 이야기를 만날 수 있어서 행복하다."라고 말이다. 이 책을 읽는 사람 중에 나이트클럽이나 행사, 축제에서 나를 만나게 된다면 큰 소리로 환호해 주길 바란다. 그 환호성에 기대어 더 힘 있게 노래할 수 있도록.

"영혼을 담아 부르고 싶은 노래를
최선을 다해 부를 수 있고,
그렇지 못하더라도
수많은 사람과 이야기를
만날 수 있어서 행복하다."

관객은 언제나 떠날 준비를 한다

나이 지긋한 선배 가수들은 종종 옛 시절의 음악에 대해 말하곤 한다. 예전에는 음악 듣기가 힘들었지만, 그 속에 낭만이 있었다는 것을 알 수 있다. 모 선배는 18살 소녀때, 집으로 돌아가는 버스 안에서 자신이 좋아하는 곡을 들었다. 하필, 다음 정거장에서 내려야 했지만 그 음악을 끝까지 듣고 싶은 마음에 세 정거장을 더 갔다. 세 정거장을 다시 되짚어 걸어오면서 노래를 음미했던 추억이 있다.

선배들은 대학생 다방 DJ의 기억, 용돈을 아끼고 아껴서

샀던 LP판, 그리고 진행자가 자신의 사연을 읽어주길 희망하며 매일 썼던 라디오 노래 사연 등에 대해 말한다. 지금은 스트리밍 서비스와 음원파일 다운 등장으로 노래 듣기가 쉬워졌지만, 다양성 면에서는 아쉽다고들 말한다. 과거에는 라디오로 다양한 장르와 여러 가수의 노래를 들을 수 있었다.

하지만 지금은 자신이 좋아하는 가수, 장르만 듣는다. 기술의 발전으로 음악 듣기가 훨씬 쉬워진 반면 좋아하는 가수의 노래만 듣다 보니 노래의 다양성을 더 느낄 수 없게 된 것이다. 탑 가수의 노래만 수익이 난다면 능력 있고 미래 음악계를 끌고 갈 인디가수, 무명가수들에게는 기회조차 오지 않게 될 것이다. 일부 가수에게만 집중되지 않고 다양한 장르의 노래를 들을 수 있는 음악계를 꿈꿔본다.

모 방송사에서 현 음악 시장에 관해 쓴 소리를 했다. 그 시장은 충격적이었다. 가수 'MC메타'가 나와 "음악으로 먹고살기 참, 너무 힘이 듭니다."라고 말했다. 월드스타 싸이도 '강남스타일' 발표 후에 국내 스트리밍으로 두 달간 번 수입은 546만 원가량이었다. 명성과 인기에 비해 턱없이 부족한 액수였다. 그 이유는 많은 사람이 애용하는 스트리밍 서비스의 수익구조 때문이다.

1곡을 스트리밍하면 제작자에게 60%가 주어진다. 이 중 44%가 음반 제작사, 10%는 작가, 작곡, 편곡자 등에게 그리고 나머지 6%가 가수와 연주자에게 돌아간다. 비용으로 환산하면 한 곡당 가수에게 0.42원이 주어지는 셈이다. 씁쓸한 현실이라고 볼 수 있다.

노래가 넘치고, 그것을 이용하기 수월해지면서 관객의 수준이 상당히 올라갔다. 가수는 올라간 관객의 수준에 맞춰 노래해야 한다. 만약 그 수준에 맞지 않으면 관객은 뒤돌아보지 않고 떠난다. 이 세상에 노래하는 가수는 많기 때문이다. 관객은 듣기 싫은 노래를 들을 이유가 없다. 그래서 언제든지 떠날 준비가 되어 있다. 프로의 세계다. 관객이 나를 떠나는 이유를 찾고, 자신을 발전시켜야 오래 사랑받을 수 있는 가수로 남는다.

소프라노 조수미는 세계적인 가수이다. 천상의 목소리와 뛰어난 퍼포먼스로 대한민국의 자랑이다. 그녀가 데뷔한 후 30년 넘도록 사랑받아온 이유는 무엇일까. 끊임없이 변화를 추구했기 때문이다. 전통 성악과 클래식은 물론 가요까지 넘나들며 변화를 시도했다. 끊임없이 도전을 해온 것이다. 그녀가 변화 없이 자신이 잘하는 성악만 했다면 어떠했을까. 지금과 같은 세계적인 가수가 될 수 있었을까. 아니다. 변화하지 않는 가수는 관객을 떠나게 만든다. 관객은 언제든지 떠날 준비를 하고 있다.

얼마 전 모 가수의 공연장에 갔다. 큰 콘퍼런스 홀에 사람이 꽉 차 있었다. 주말인 이유도 있었지만 유명세도 한몫을 했다. 화려한 조명과 잔잔한 음악으로 첫 소절이 시작되었다. 그렇게 2시간이 훌쩍 지나갔다. 나는 공연방법을 배우러 갔지만 배우기보다 즐겼다는 표현이 정확하다. 마지막 노래로 인사를 끝내자 앙코르가 쏟아졌다. 수많은 사람이 앙코르를 부르는 데 아쉬움을 털지 못하고 있다는 사실을 느꼈다.

그러자 그 가수는 다시 등장하여 앙코르에 화답했다. 참으로 부러웠다. 시간이 다 되었지만 관객은 떠나기보다 가수를 더 보고 싶어 하니 말이다. 그 가수가 무대에 서기까지 얼마나 많은 눈물을 흘리고 노력을 했는지 알기에 앙코르의 보상은 당연하다는 생각과 함께 부러움이 밀려왔다. 관객은 객관적이고 노력하는 가수에게 많은 사랑을 주기 때문에 더 실력을 쌓아야 한다.

나는 발라드 가수로 시작하여 트로트를 부르고 다시 발라드 가수로 돌아왔다. 발라드는 그 특성상 일정 수준까지 올라가지 않으면 한계에 부딪힌다. 나는 트로트를 부르며 많은 경험을 쌓았다. 다시 발라드로 돌아온 것은 나만의 색깔을 찾기 위해서다. 나의 본질, 노래의 정체성을 찾으면서 다시 발라드 장르로 돌아온 것이다. 그렇다고 발라드만을 고집하진 않는다. 관객의 니즈를 파악하고 그곳에 내 색깔이 들어가는 것을 접점으로 한다.

콘셉트와 청중, 그 니즈의 접점을 찾는다면 나는 언제든 바뀔 수 있다. 한 장르만 고집하면 오히려 자기 복제에 빠질 수도 있다. 관객이 원하는 것은 언제까지나 '신선한 신성훈'이다. 그리고 신선하다는 의미는 곧 노력한다는 의미이기도 하다.

트랜스젠더 연기를 위한 젠더클럽 아르바이트

2017년, 히트작이었던 영화 <범죄 도시>에서는 '마동석' 캐릭터가 큰 역할을 했다. 선(善)을 담당하는 역할이 성공하기 위해서는 악(惡)을 담당하는 역할 역시 중요하다. 그곳에 아이돌 'GOD' 출신 '윤계상'이 있었다. 윤계상의 연기 열정을 잘 보여준 일화가 있다. 그는 영화 <비스티 보이즈>의 호스트 역할로 출연이 확정되자 정말 호스트바를 찾아가서 일했다. 그곳에서 일하며 말과 행동을 디테일하게 배울 수 있었다. 연기에 대한 열정이자, 프로의 참모습이라고 생각한다.

나 역시 비슷한 일을 경험했다. 차승원이 주연인 영화 <하이힐>에서 트랜스젠더 역할 제안이 들어온 것이다. 나는 그 역할을 받아들였다. 연기를 하는 건 나를 노출하기 위해서다. 많이 노출해야 노래 부를 수 있는 기회가 더 많아진다. 그리고 배역을 가리게 되면 그 기회는 줄어든다. 기회가 줄어들게 되면 그만큼 성장 속도는 느려진다고 볼 수 있다. 반대로 배역을 가리지 않으면 더 많은 기회가 생긴다.

문제는 배역 확정이 아니라 제안이었다는 점이다. 확정된 후에 트랜스젠더 연기를 연습하게 되면 이미 늦다. 우선 제안만으로 나는 그 역할의 연습에 돌입했다. 그때 간 곳이 이태원의 트랜스젠더 클럽이었는데 영화에 대한 이야기는 일절 하지 않고 아르바이트로 출근을 했다.

목젖이 없는 남자. 그들은 수술로 목젖을 없앤다. 그리고 진짜 트랜스젠더가 된다. 나는 목젖을 없앨 수 없으니 진짜로 연기를 해야 했다. 취업이 된 후 시나리오를 받았다. 다행히 확정이 된 것이다. 더 집중적인 연습이 필요했다. 트랜스젠더 클럽은 신세계였다. 우선 일하는 시간이 그랬다. 오후 5시 반에 출근해서 새벽 3시까지 일했다. 출근은 지하철로 했지만 퇴근할 땐 택시를 타야 했다. 교통비로 많은 돈이 나갔고 밤낮이 바뀐 생활은 피로를 몰고 왔다.

그곳에 온 손님들 역시 트랜스젠더였다. 나는 그들의 말과 말투, 제스처, 눈빛, 액세서리 등을 관찰했다. 연기 공부를 하려면 수업료를 내야 하는데 나는 돈까지 받으며 공부하고 있었다. 특히 그들이 트랜스젠더라는 사실을 알게 된 사연, 남자와 데이트를 하는 즐거움, 내적 갈등 등 그들에 대한 이야기를 들었다. 그 속에서 연기에 필요한 감정적인 요소를 찾아내는 것은 힘들었지만 값진 시간이었다. 그리고 어디에나 소수의 사람이 있고, 그들에게 관심이 필요하다는 사실도 배웠다. 이렇게 연기수업을 마쳤다.

영화촬영을 하면서 배우가 어렵다는 사실을 더욱 깨닫게 되었다. 가수는 히트곡이 나오면 오랫동안 유지되지만 배우는 히트작이 나와도 계속 촬영을 해야 한다. 또 다음 영화가 히트할지는 아무도 알 수 없다. 우리가 브라운관이나 스크린에서 보는 연기자의 명장면은 상상하기 힘든 고생 끝에 나온 것들이다.

내 촬영은 NG 없이 끝났다. 한 달간 받아온 트랜스젠더 수업이 큰 도움이 되었던 터였다. 배우 차승원은 나의 연기를 보고 '트랜스젠더를 구할 수 없어, 예쁜 여배우를 트랜스젠더로 화장하게 한 것이 아니냐?'고 물었다. 그때 나는 정말 나를 여자로 바꾸었다. 함께 촬영하던 중에 어느 스텝은 나를 정말 트랜스젠더로 오해했다고 한다. 화장, 말투, 액세서리까지 직접 관찰하고 적용했으니 그럴 만도 했다.

세상의 모든 것이 빠르게 변한다. 그리고 연예계는 유독 그 부침이 심하다. 트렌드가 가장 빨리 변하는 곳, 유행과 문화도 빨라서 조금만 처지게 되면 금방 낙오자가 되고 만다. 그 빠른 속도에 맞추기 위해 나는 날마다 신곡을 듣고 문화생활을 하며 영화를 본다. 유행이 어떤 패턴이고, 패션인지를 늘 눈여겨본다. 또한 시사프로그램을 보고 만나고 스쳐가는 사람들의 의상, 몸짓과 말투를 허투루 보지 않는다. 변화를 위한 도전인 셈이다.

이런 나를 보고 가끔 "실패하는 일을 왜 그렇게 열심히 하냐?"고 묻는 사람들도 있다. 그러면 나는 이렇게 대답한다. "지금 실패한 것처럼 보이겠지만, 이 실패가 끝은 아닙니다."라고. 다른 사람들이 볼 때는 계속 실패하는 것처럼 보일 수도 있다. 하지만 조금씩 실력이 쌓여가고 이제 인지도가 생겨나 알아보는 사람들도 늘어나고 있다. 혹여 실패를 반복한다 하더라도 끝까지 포기하지 않는다면 반드시 꿈을 이룰 수 있다.

'그동안의 실패들은 화려한 이력이 될 것이다.'

나는 훗날 오만 가지 연기를 다 해봤고, 연기를 잘하기 위해 직접 트랜스젠더 수업을 들으러 현장에서 밤을 새웠다고 말할 수 있다. 윤계상이 연기를 잘하기 위해 호스트 바에서 일했었다는 말을 전해 듣고 내가 트랜스젠더 수업을 받으러 간 날처럼, 누군가가 내 이야기를 듣고 연기를 위해 직접 그 일을 했다는 소식을 접할 수도 있을 것이다.

평범하지만 위대한 분들이
신성훈을 만들고 있다

'길거리 셀프홍보'

나에게는 참으로 익숙한 말이다. 길거리 셀프홍보는 시
선 끌기가 그 핵심이다. 화장을 짙게 하고 반짝이 옷을 입
고 손에는 큰 가방이 들려 있다. 누가 봐도 이벤트 관련 일
을 하는 사람이라는 걸 곧 알 수 있다. 무조건 크고 씩씩하
게 인사하는 것이 중요하다. 다짜고짜 목적부터 말하면 오
해를 살 수 있으니 먼저 인사로 접근한다. 큰 가방 안에는
트로트 '대박이야' 앨범이 50여 장 들어있다. 오늘 목표는

50여 명에게 나를 알리는 일이다. 의상, 화장, 인사법, 앨범 그리고 목표까지 직접 설정했다.

"어머니 안녕하세요? 트로트 가수 신성훈입니다."

30m 앞 사람에게 인사를 건넨다. 처음에는 멈칫하던 사람들도 곧 이상한 사람이 아니라는 것을 알고 접근을 허락한다. 간단하게 자기소개를 하고 앨범을 드린다. 앨범을 받으면 고맙다는 말과 함께 격려를 해준다. 이렇게 셀프 홍보를 하면 포교하는 사람, 방문판매하는 사람, 설문조사원 등으로 오해를 사기도 한다. 하지만 무작정 나를 알리기 위해 '생 홍보'를 하다 보면 어느 새 자연스럽게 동네에서 스타가 되어 있다. 많이 알아봐 주니 감사하고 고마울 따름이다.

일본에서 귀국한 후에 돈이 떨어져 가고 있었다. 방값, 생활비 등이 생각보다 많이 나가 매일 허기지고 힘들었다. 굶는 판에 노래만 추구할 수 없어 경제적인 문제를 해결해야 했다. 트로트 가수로 바꾼 이유는 자기 변화도 있었지만, 생계가 먼저인 이유도 있었다. 이런저런 아르바이트와 밤 공연으로 돈을 벌어야 했다.

내가 여기까지 올 수 있었던 것은 열심히 사는 모습이 기특하다며 응원과 도움을 주신 분들이 있었기 때문이다. 앨범 '대박이야'에는 '메이크업 & 헤어'에 OOO이란 이름이 있다. 가수가 앨범표지를 촬영한다면 유명 디자이너의 풀 메이크업과 프로 헤어샵의 손길을 상상할 수 있다. 앨범 '대박이야'의 메이크업과 헤어를 해준 사람 역시 유명한 분이다. 상당한 실력을 갖춘 분으로 1인 미용실의 대표이다. 이 분은 지금껏 나의 메이크업과 헤어를 담당하고 있다. 그래서일까. '대박이야'는 세련된 트로트 가수 느낌을 제대로 살렸다는 평가를 듣는다.

대표님과의 인연은 이렇게 시작되었다. 셀프홍보도 하고 머리를 정리하기 위해 미용실에 방문했던 어느 날, 나는 미용실에도 내 음악이 울려 퍼져야 한다고 생각했다. 미용실은 단순히 머리만 하는 곳이 아니라 동네 사람들에게는 살롱이나 마찬가지기 때문이다. 사람이 많은 곳이라 나는 더 적극적으로 홍보해야 했다. 머리 정리를 마친 후에 나는 내 직업을 말했다. 사장님은 어느 정도 눈치를 챘다고 한다.

그 후에 사장님은 큰 무대나 촬영 있을 때는 꼭 찾아오라는 말씀을 건넸다. 공짜로 해주신다는 엄청난 약속을 한 것이다. 단, 조건이 있었다. 누군가 헤어스타일에 관해 묻는다면 홍보를 해주라는 것, 꼭 가수로 성공하라는 조건이 있었다. 중요한 무대에 서야 하거나, 촬영이 있는 날이면 나는 그 미용실을 찾는다. 그럴 때마다 사장님의 손길이 유독 다르다는 걸 알 수 있다.

가수는 쇼 비즈니스를 하는 사람이다. 가수에게 중요한 것이 또 하나 있는데 바로 의상이다. 동네에서 셀프홍보를 하다 세탁소를 방문했다. 사장님은 나를 평소 반짝이 옷, 독특한 옷을 맡기는 청년으로 기억하고 있었다. 어느 날, 앨범을 드리자 사장님은 바로 CD를 돌렸다. '대박이야'가 나오자 우리는 함께 따라 불렀다. 세탁기가 돌아가고 건조기의 스팀이 올라오는 세탁소 안에 흥이 돌았다. 기분이 좋아진 사장님은 나에게 옷을 공짜로 세탁해주겠다고 약속을 했다. 이후 노래 의상은 공짜로, 생활 옷은 비용을 지급했다. 참으로 고마우신 분이다. 무대에 올랐을 때 옷에 신경을 쓰면 노래를 제대로 할 수 없다. 세탁소 사장님은 내가 무대에서 노래에만 집중할 수 있도록 해준 분이다.

　나는 밤 공연으로 낮에는 시간이 빌 때가 있다. 그래서 짧고 비정기적인 일거리가 필요했다. 그중에 내가 선택한 일이 고깃집의 불판을 닦는 일이다. 짧은 시간에 할 수 있고 보수도 기본 시급을 넘어 괜찮은 일이다. 불판 닦는 일은 생각보다 전문성을 요구한다. 여기에 강한 세제를 쓰기 때문에 냄새가 날 수 있다. 하지만 일을 하면서 요령도 생겼고, 세제냄새도 어느 정도 적응을 했다. 고깃집 사장님은 면접 때 내가 가수인 것을 알고 놀랐다. 가수가 이런 일을 할 수 있겠냐고 걱정하며 물었다. 하지만 가수라고 못할 일이 어디 있으랴.

　유명 선배 가수들 중에는 가수를 하면서 다른 일을 했던 경력이 모두 있다. 시켜만 달라고 사정을 했다. 그렇게 일을 시작했다. 불판 닦는 일은 퇴근 시간이 정해져 있지 않다. 정해진 양만 하고 오면 된다. 일을 빨리 끝내야 노래 연습이나 셀프홍보를 할 수 있는 시간을 벌 수 있기에 나는 속도를 높였다. 점점 빨리 닦아내자 사장님은 좋아했다. 집으로 돌아올 때면 이것저것을 챙겨주었다. 때에 따라 고

기도 구워주고 나에게 꼭 성공하라고 격려해주는 고마운 분이다.

TV 공익광고에 '손'이 나온 적이 있다. 계산원, 정비사, 선생님, 공장직원, 택시기사 등 수많은 직업을 가진 사람들의 일하는 손을 담은 광고이다. 모두 평범하게 살고 있는 이웃들, 그 손들의 위대함에 대해 말하는 광고이다. 마찬가지로 지금의 나를 만드는 데 큰 도움을 주신 분들이 있다. 한 분, 한 분 사연을 말하면 끝도 없다. 그분들에게 감사함을 갚기 위해 나는 최선을 다해 노래한다.

꿈과 함께
N개의 직업을 가지고 있다

2014년 인터넷을 달군 한 장의 사진이 있었다. 일요일 아침 MBC 프로그램 <신비한 TV 서프라이즈>의 재연 배우인 김민진의 사진이다. 기사에 나온 사연은 이러했다.

어느 남성이 승강기 앞에서 탤런트로 보이는 친숙한 얼굴을 만났다. 그 남성은 용기를 내어 혹시 탤런트가 아니냐고 물었다. 김민진은 "맞는데요."라고 하자 그 남성은 "탤런트가 왜 여기에서 야채를 배달하고 있는지를 여쭤봐도 될까요?"라고 물었다. 이에 김민진은 한 치의 망설임 없이 아르바이트 중이라고 답했다. 남성은 다시 "아 그럼 지금 상황에서 사진 같이 찍어주시는 것은 무리겠죠?"라고 묻는다. 하지만 김민진은 "아니, 왜요? 괜찮은데요? 제가 무슨 떳떳하지 못한 복장인가요? 괜찮아요. 얼마든지 찍어드리죠!" 하면서 밝은 표정으로 사진을 찍었다. 인터넷에는 남성과 함께 점퍼차림과 미끄럼 방지 장갑을 낀 그의 사진이 올라왔다. 후속 기사로 김민진의 수입이 공개되었다. 한 달에 100만 원 정도라고 했다.

나는 <신비한 TV 서프라이즈>를 좋아한다. 중학교 3학년 때부터 본 프로그램이고 김민진도 꽤 오랫동안 방송으로 봐왔다. 그는 당당했고, 꿈을 향해 달려가는 명품배우라고 말하고 싶다. 이후 CF에 등장한 걸 보고 매우 기뻤다. 더 승승장구하는 모습을 기대해 본다. 부익부 빈익빈이 가장 극심한 곳이 있다면 연예계가 아닐까. 스타는 정말 하늘의 별이고 그 밑에는 스타를 꿈꾸는 무수한 사람들이 있다. 꿈을 안고 달려가는 사람들, 이들의 수입은 부익부 빈익빈의 현실을 수치로 보여준다. 그래서 많은 연예인은 여러 가지 직업을 갖고 있다.

107

'고물상 청년 트로트 가수'로 알려진 전천후 씨는 '아메리카노', '유치 뽕짝' 등의 노래를 부른 가수이다. 그를 알게 된 건 MBN <휴먼다큐 사노라면>을 보면서다. 그가 고물상을 한다는 사실을 당당히 밝힌 것은 고물상에 대한 인식을 바꾸고 싶었기 때문이다. 고물상도 소중한 직업이고, 그 속에 사는 사람들 역시 꿈꾸고 활동한다는 것을 보여주고 싶어서였다.

방송에서 가장 기억에 남는 것은 그가 처음으로 큰 무대에 올랐을 때의 표정이었다. 그런데 노래를 잘 부르고 당당했던 표정이 사라지고 곧 굳어있는 표정이 카메라에 잡혔다. 아내와의 갈등 때문이다. 방송은 꿈을 찾기 위해 분투하는 남편과 경제적인 면을 걱정하는 아내가 콘셉트였다. 가수를 꿈꾸는 사람들 속에서 나는 이런 갈등을 많이 보았다. 다행히 그는 고물상을 운영하며 생계와 꿈이라는 두 마리의 토끼를 잡고 있었다. 꿈은 N개의 직업과 함께한다. 나는 그 사실을 다시 한번 실감했다.

나 역시 이것을 위해 그동안 정말 많은 일을 했다. 지금은 상황이 나아졌지만 과거에는 가수란 직업이 글자로만 존재했다. 그 과정 모두가 꿈을 향한 대가였다. 내가 잘할 수 있는 것은 노래였다. 그 외의 것들은 제대로 배운 적이 없었다. 고등학교 때 기술을 가르쳐주는 학교에 다녔고 15년이 지난 지금, 중급기술자로 사회에서 대접받는 친구들이 있지만 나는 학교 다닐 때 가방에 책보다 음악 CD가 더 많이 들어 있었다. 음악에 대한 열정만큼은 누구도 따라올 수 없었다.

수많은 아르바이트를 하면서 수입이 괜찮은 일도 있었다. 내가 다른 재주가 있었다면 그쪽으로 갈 수도 있었을 것이다. 하지만 나는 다른 일에 눈길 한번 주지 않았다. 수입이 괜찮아도 노래를 위한 부수입일 뿐이었다. 그리고 그 일을 잘할 수 없다는 것도 알고 있었다.

연예인 중에 장거리 레이스를 하는 선배들은 사람에 대한 이해가 깊다. 그것은 가사, 연기에서 그대로 드러난다. 나에게 N개의 직업은 사람을 더 깊이 알 수 있게 만든 경험이 되었다. 같은 공간 속에서 함께 일하며 그들의 사연을 듣는 게 나를 성장시키는 기회이기도 했다.

택배 상하차 아르바이트는 상당한 체력을 요구했다. 그

곳에서 등록금을 벌고 있는 대학생 형을 알게 되었는데 형은 나의 사정을 알고 이것저것 챙겨주며 격려를 해줬다. 형 역시 가정 형편이 좋지 않아 남들이 잘 시간에 택배 상하차 일을 했다. 낮에는 학교에 가고 밤에는 그 일을 했다. 형은 나에게 변리사가 되겠다는 꿈을 이야기했고 나는 오디션에 합격하여 가수가 되겠다는 꿈을 이야기했다.

　반면 비슷한 또래의 한 형은 입에 늘 욕설과 "힘들어."를 달고 살았다. 그곳은 같은 목적을 가지고 오기 때문에 서로 불편하지 않은 게 여러모로 좋았지만 불평이 많아지다 보니 함께 일하는 것도 힘들어졌다. 결국, 불만이 많았던 형은 관리자에게 불평만 따지다가 떠나고 말았다. 일을 열심히 해서 보너스를 받은 형이나, 불평하다 쫓겨난 형은 우리 주변에서 흔히 볼 수 있는 이웃들이다. N개의 직업으로 살아가는 이웃들, 그들을 지켜보면서 나는 사람 공부를 톡톡히 한 것 같다. 어른들이 왜 젊었을 때 많은 사람을 만나야 한다고 조언했는지 그 이유를 알 듯하다.

　N개의 직업은 나에게 소중한 경험이 되었다. 그 시절, 수없이 만났던 사람들을 위해 노래하겠다. 여러 가지 일들은

생계를 해결해주기도 하지만 또 다른 성장을 돕는다. 역시 모든 경험은 선(善)인가 보다. 나는 사람을 배울 수 있는 N 개의 직업이 좋다.

3장

감춰진 재능을 폭발시킨다

CHAPTER 3

다들 지쳤지만 노래가 있기에 추스르고 다시 일어날 수 있다. 평창올림 픽은 메달 순위를 떠나 최선을 다한 모든 선수가 대박이다. 그리고 치열한 세상을 살아가는 우리 모두가 대박이다. 대박은 꼭 뭐가 터져야만 대박이 아니다. 대박을 꿈꾸며 거침없이 달려가는 모든 사람이 대박이다.

제 노래가
올림픽 응원가가 되었다고요?

올림픽에서는 출전 선수들이 나와서 축제를 벌인다. 승부를 떠나 모두 하나가 된 지구촌 모습으로 여기에 빠지지 않는 것이 음악이다. 가사도 모르고, 의미를 모르면 어떠리. 음악에 맞춰 즐기면 될 뿐이다. 세계인을 하나로 묶는 축제에서 내 노래가 응원가로 선정되었다. 그것도 몇 년 전 트로트 가수로 활동하기 위해 만든 '대박이야' 노래이다. 이름 모를 작은 나라의 선수까지 내 노래를 듣게 되다니, 정말 대박이다.

"성훈아, 네 노래가 길거리에서 들린다."

"형, 귀에 익숙한 멜로디라, 곰곰이 생각해보니 형 노래네요. '대박이야'가 평창에 울려 퍼져요."

몇 달 전부터 강원도에 사는 지인들이 연락해 오기 시작했다. 올림픽 응원가로 선정되었다는 소식을 처음 접했을 때는 날아갈 듯이 기뻤다. 평창올림픽 응원가는 인순이 선배의 '금 나와라 뚝딱'에 이어 김경호 선배의 'Go, 평창'이 있다. 나 역시 올림픽 응원가를 따로 준비했다. 곡을 받았지만 프로듀싱에서 내 목소리와 매치되지 않아, 새로운 곡 녹음을 진행하지 못하고 9년 전에 발매했던 '대박이야'가 응원가로 선정됐다.

"금 나와라~ 뚝딱, 은 나와라~ 뚝딱"

어린 시절의 기억을 더듬으면 나오는 동화 <혹부리 영감>의 한 장면이다. 거짓말하지 않은 동생에게는 도깨비방망이를 주고 거짓말하는 형에게는 벌을 준다는 내용이다. 동생은 가난했지만 정직했고 노래도 잘 불렀다. 결국 도깨비방망이를 얻게 된다.

"금 나와라 뚝딱, 은 나와라 뚝딱"은 내 노래 '대박이야'

에도 나온다. 그리고 "대박아, 터져라."로 이어진다. <아침마당>에서 인연이 된 기호종 님이 작곡을 했다. 가사에는 '이제 그만 툭툭 털고 일어나.', '세상은 이제부터 내 편이야.' 등 희망찬 내용이 담겨 있다. 메달을 바라는 선수들의 심정을 담았기에 응원가로 안성맞춤이었다.

'대박이야'는 나에게 대박이 되었다. 이 노래를 받으며 트로트 가수로서 터닝포인트를 했다. 발라드가 좋았지만 변화를 선택한 것이다. 트로트는 다른 장르보다 행사가 많아 나는 '대박이야'로 전국 행사, 나이트클럽 등을 뛰었다. 문제는 트로트로 바꿨지만 형편이나 인지도 면에서 크게 나아지지 않았다는 것이다. 여러 가지 원인이 있겠지만, 트로트 장르와 나와는 간극이 있었다. 그렇게 '대박이야'는 조용히 사라졌다. 그러다가 예상치 못한 반전이 일어난 것이다.

KBS <아침마당>에 출연할 때 PD는 밝은 분위기가 필요하다며 '대박이야'를 불러 달라고 했다. 객석도 트로트를 좋아할 연령이고 나도 즐기자는 마음으로 불렀다. 방송에서 노래가 나가자마자 행사 일정이 잡히기 시작했다. 바

뻔 나날을 보냈고 결국 응원가로 선정되었다. 팬 중엔 나를 '대박이야' 가수로 기억하는 사람들이 많다. 나는 다시 발라드로 돌아왔다. 가수가 자기 발전하는 데 있어서 트로트, 발라드, 록 등 장르는 상관없다고 생각한다. 계속 도전하며 나에게 맞는 장르를 찾으면 될 뿐이다.

우리는 덕담이나 응원으로 '대박'이란 말을 한다. 그만큼 대박을 바라는 마음이 크다. 나 역시 대박을 바라는 마음이 있었다. 한 곡이 뜬다면 모든 게 대박이 되는 연예계가 아닌가. 하지만 그 과정은 쉽지 않았다. 노래 가사처럼 고개 넘어 또 고개, 걸어온 길은 사연 많은 눈물길이다. 대박은 도깨비방망이처럼 오지 않는다. 눈물로 만들어내야 한다. 나는 태생적으로 감수성이 풍부하여 눈물을 많이 흘린다. 둘째가라면 서러울 정도다. 대박이 눈물길이라면 나는 가능성이 높을 듯하다.

주변에 대박 터진 사람이 있다면 응원해주자. 우리가 모르는 사이에 눈물을 흘린 사람일 것이다. 이런 사람이 대접받는 세상이 왔으면 좋겠다. 또한 지금 대박이 터지지 않았어도 두 주먹 불끈 쥐고 다시 달려가 보자. 대박을 터뜨리는 유일한 길은 다시 달려가는 일뿐이다. 뉴스를 보면 모두 지쳐 있고, 힘들어하는 사람투성이다.

우리는 무한 경쟁 속에서 살아가고 있다. 참으로 피곤한 세상, 이럴 때일수록 노래를 듣고 가사를 음미해보자. 이것저것 복잡할수록 단순한 노래가 좋다. '대박이야'가 딱 안성맞춤이다. 다들 지쳤지만 노래가 있기에 추스르고 다시 일어날 수 있다.

평창올림픽은 메달 순위를 떠나 최선을 다한 모든 선수가 대박이다. 대박은 꼭 뭐가 터져야만 대박이 아니다. 거침없이 달려가는 모든 사람이 대박이다.

"여러분은 이미 대박입니다."

금 나와라 뚝딱 은 나와라 뚝딱 대박아 터져라

내 맘을 몰라준 세상 야속하지만

어쩌겠어 산다는 게 그렇지

고개 넘어 또 고개

걸어온 길은 사연 많은 눈물길

이제 그만 툭툭 털고 일어나

으쌰 통쾌하게 으쌰 달려보자

언젠가 벌떡 꼭 일어나

다시 달려갈 테니

금 나와라 뚝딱 은 나와라 뚝딱

인생은 지금부터 시작이야

가진 것 없는

보잘 것 없는 나를

그래도 믿어봐

금 나와라 뚝딱 은 나와라 뚝딱

세상은 이제부터 내 편이야

두 주먹 불끈 쥐고

나 다시 달려간다

대박아 터져라

금 나와라 뚝딱 은 나와라 뚝딱 대박아 터져라 대박아 터져라

무대가 원하는 감정,
나의 진짜 감정

    2016년 리우 올림픽에서 우리에게 가장 큰 감동을 주었던 것은 박상영 펜싱 선수의 역전경기였다. 13대 9라는 점수… 상대 선수가 2점만 더 따면 승부는 깨끗이 끝나는 상황이었다. 3라운드에 들어가기 전, 박상영 선수의 모습이 카메라에 잡혔다. 그는 혼자 중얼거리고 있었다. 입 모양을 보니 '할 수 있다, 할 수 있다.'라고 자기 주문을 거는 듯했다. 결과는 대역전극이었다. 모두가 불가능하다고 판단한 경기에서 역전을 했다. 그가 점수 차이를 보는 순간 포기했다면 역전 경기는 없었을 것이다. '할 수 있다.'라고 자신을 컨트롤하여 거머쥔 승리였고, 프로다운 모습으로 온 국민에게 희망을 안겨 준 경기였다.

공연을 하면 하루에 30~50만 원가량을 받았다. 지방공연일 경우 교통비를 제외하면 남는 게 거의 없다. 여기에 입금 날짜가 늦어지기라도 하면 생활이 어렵게 된다. 늦게라도 입금해주면 다행이지만 입금을 안 해주는 경우도 있다. 만약, 내가 유명 가수라면 입금을 안 할 수 있을까.

수시로 오는 독촉문자, 쌓이는 고지서 등 경제적인 어려움은 감정까지 갉아먹는다. 행사를 앞두고 이동하면서 '잔액이 얼마 남았지?' 등 노래 말고도 신경 쓸 일이 많아지게 된다. 반면 관객이 원하는 건 한 가지다. '무조건, 신나고 눈에 띄는 퍼포먼스, 비주얼'인 것이다. 매번 긴장하고 무대에 올라야 한다. 나는 주문을 외워본다.

'감동할 만큼 잘 해보자.'

'제대로 놀아드리고 가야지.'

노래에 집중하면 언제 그랬냐는 듯 정말 기막히게 노래를 부를 수 있다. 박수와 앙코르를 받으면 기쁨이 몰려온다. 그렇게 나는 자신을 컨트롤 해나간다. 가수 '리쌍' 선배의 <광대>란 노래가 있다.

> 내 이름은 광대 내 직업은 수많은 관객
>
> 그 앞에 웃음을 파는 일
>
> 슬퍼도 웃으며 내 모습을 감추는 게 철칙
>
> 오~ 이런 내 처질 손가락질하며 날 모욕해도
>
> 더 크게 웃고 난 땀으로 목욕하고

가수는 물론, 모든 연예인은 슬퍼도 웃으며, 내 모습을 감추는 것이 철칙(鐵則)이다. 이 철칙은 아무리 작은 무대에 서더라도 마찬가지다. 트로트를 시작하면서 작은 골목 시장에 가서도 제대로 놀아드리고 오자는 마음뿐이었다. 마이크를 잡는 순간 최선을 다하게 된다. 내 상황이 어렵더라도 그것을 드러낼 필요는 없다. 나는 무대에 설 때마다 그 시간을 즐기며 최선을 다해 노래한다. 6년간 트로트를 하면서 무대는 무대, 생활은 생활이라는 '이원화'를 생각해보았다. 무대에서의 감정이 진짜 나의 감정이고, 모습인 것이다.

반면 내 감정을 여과 없이 보여줄 때가 있다. 바로 방송에서 노래할 때다. 방송 출연은 나에게 몇 번 안 되는 기회였기 때문에 멋진 모습을 보여주고 싶었는데 그게 잘 안 되었다. 녹화방송이 나간 후, 지인 연예인에게서 연락이 왔다. "성훈아, 왜 그렇게 슬퍼 보이냐?"고 물었다.

방송에 나오기까지 얼마나 많은 노력을 했었는가. 지인 연예인들은 그것을 숨기고 방송이 원하는 느낌을 살리라고 조언한다. 하지만 나는 눈물이 많고, 감수성도 예민하여 숨기지 못한다. 혹여 방송에서 내가 슬픈 얼굴을 하고 있다면 그만큼 올라오고 싶었던 무대이며, 출연하고픈 방송이었기 때문에 감동하고 있다고 생각해주길 바란다.

방송이나 공연 1~2일 전에는 외부활동을 자제한다. 꼭 필요한 전화가 아니면 받지 않는다. 말 그대로 쉰다. 쉴 때는 주로 영화를 본다. 그 세계에 빠져들면 신성훈이 아니라 영화 속 주인공이 된다. 연예인 연차가 쌓일수록 휴식의 중요성을 느낀다. 그래야 관객에게 최고의 무대를 보여줄 수 있다.

발라드는 어느 장르보다 더욱 감정을 담아야 한다. 어린 시절의 상처와 20대 초반에 겪었던 기획사의 무지막지한 횡포, 나이트클럽 밤무대 가수, 일본행, 6년간의 트로트 가수, 다시 발라드라는 장르로 되돌아오기까지 많은 일이 있었다. 그 세월의 축적으로 인해 노래 부를 때마다 깊이가 달라진 것을 스스로 느낄 수 있다. 이젠 주문을 외우지 않아도 무대 위의 감정을 내 것으로 만들 수 있게 된다.

연예인은 광대이다. 무대가 원하는 웃음을 만들어야 한다. 리쌍 선배의 <광대>에 이어지는 가사는 이러하다.

세상을 넘어 시간을 멈추고

세상을 넘어 신나게 춤을 춰 봐

세상을 넘어 모두가 같은 높이에서

그래 그래 그렇게

관객과 가수는 같은 눈높이에서 신나게 춤을 춘다. 굳이 연예인이 아니어도, 세상 모든 사람은 광대일지 모른다. 우리는 진심과 광대 사이에서 움직인다. 나는 다시 발라드로 돌아오면서 진심에 더 가까워지는 날들을 살아가고 있다.

배우 김혜선 님과
만나다

"선생님. 저 놀러 가도 될까요?"

"그래, 놀러 와."

새벽 5시, 메신저를 주고 받는다. 살아가면서 새벽 5시에 이런 메신저를 주고 받을 수 있는 사람이 몇이나 될까. 다행히 나는 이런 사람이 있다. 그리고 정말 놀러 간다. 놀러 가면 내 집처럼 편안하다. 소파에서 TV를 보고 졸리면 잠깐 눈도 붙인다. 냉장고에 맛있는 음식이 있으면 알아서 챙겨 먹고 편히 쉰다. 마치 아이가 집에 와서 간식 먹고, 쉬다

125

가 학원에 가는 모습이라고 생각하면 된다. 나에게 또 다른 어머니인 김혜선 선생님의 집에서다.

김혜선 선생님은 굴곡진 삶으로 구설에 오른 적이 있다. 하지만 선생님은 배우라는 직업에서 가장 '프로페셔널'한 분이다. 보통 구설에 오르면 방송에서 하차하거나, 공백기가 있지만 선생님은 일이 터지면 굉장히 차분하고 슬기롭게 헤쳐 나간다. 성공한 가수, 배우, 개그맨 등 많은 사람을 봐왔지만 선생님의 자기관리는 거의 신(神)에 가깝다. 선생님 곁에 있으면 평안함도 있지만 함께 있는 것만으로도 삶의 지혜를 한 수 배우게 된다.

선생님과의 만남은 우연이었다. 어느 해 국회의사당에서 시상식이 열려 참석했는데 그때 옆에 김혜선 선생님이 계셨다. 연예계 선배라서 인사를 드렸고 시상식에 집중했다. 그런데 시상식이 끝나고 함께 이야기할 기회가 있었다. 선생님과 나는 대화가 통했다. 전화번호를 교환하고 일주일 후 식사 자리에 초대를 받았다.

이런저런 이야기를 나누다 나의 과거 시절 이야기를 하게 되었다. 내 이야기를 듣고 난 후, 선배님은 매우 안쓰러

위하는 눈빛으로 나를 바라보았다. 지금 생각해보면 치열한 연예계에서 혈혈단신으로 서 있는 내가 안타까웠으리라. 얼마 후 그런 눈빛이 거두어지고 이내 따뜻하게 바라보는 시선을 읽을 수 있었다. 선생님과 인연이 되었는지 집도 가까웠다.

심한 몸살 감기에 걸렸던 어느 겨울날, 이틀 후의 공연 스케줄 때문에 비상이 걸렸다. 가수에게 감기는 보통 일이 아니다. 마침 선생님께서 메신저를 보내오셨고 내가 감기에 걸렸다고 안부를 전하자 촬영가는 길에 죽과 과일을 사 오셨다. 나는 그것을 먹고 기력을 회복했다. 시간이 흐른 후, 선생님께서 집에 오셔서 이것저것 정리해주고 반찬도 만들어주셨다. 따뜻함! 선생님은 지혜롭고 자기관리를 매우 잘하신다. '외유내강(外柔內剛)'의 전형이라고 할 수 있다.

선생님과 나는 코드가 잘 맞는 것이 하나 있는데 그것은 '봉사'이다. 시간과 여건이 허락하는 범위에서 우리는 자주 봉사를 다닌다. 선생님은 내가 만든 봉사모임 '조이프렌즈'의 대모이기도 하다. 그리고 함께 봉사 활동을 할 때면 아들이 아닌가 하는 오해도 산다. 오해를 받으면 어떠리. 선생님은 나에게는 또 다른 어머니이다.

배우에게는 의상 협찬이 들어온다. 선생님도 마찬가지
인데 봉사활동을 다니며 장애우 어머니 등 소외된 사람들
에게 협찬받은 옷을 나눠준다. 이런 배우를 싫어할 사람
이 어디에 있겠는가. 가끔 구설에 오르는 선생님을 볼 때마
다 마음이 아프다. 선생님은 연예인을 넘어 어른으로 성장
하는 데 필요한 것들에 대해 말씀해주신다. 특히 조급함에
사로잡혀 힘들어할 때 이런 말씀을 하신다.

"인지도는 전혀 중요하지 않다. 가수는 마이크 잡으면 가
수이고, 연기하면 배우이다. 힘들면 힘든 대로 지치면 지치
는 대로 자신을 믿고 절실한 끈을 놓지 않는다면 100% 성
공할 수 있다. 언제 어떤 일이 닥치더라도 지혜롭게, 하나
씩 헤쳐 나가면 손가락질할 사람은 아무도 없다."

연예인 선배 그리고 인생 선배이신 김혜선 선생님을 만
난 것은 행운이다. 선생님을 보면서 어떻게 처신해야 이 세
계에서 지치지 않고 30년 이상 활동할 수 있는지를 배워나
간다. 내가 성장하는 과정에서 김혜선 선생님은 절대적이
다. 감사하다는 말 외에 드릴 말씀이 또 있을까.

김혜선 선생님과의 인연

나에게는 어머니이자, 연예인 선배 그리고 인생 선배이신 김혜선 선생님을 만난 것은 행운이다. 선생님을 보면서 어떻게 처신해야 이 세계에서 지치지 않고 30년 이상 활동할 수 있는지를 배웠다. 내가 성장하는 과정에서 김혜선 선생님은 절대적이다.

앙코르를 듣기 위한
재능 뒤 노력

2012년, KBS2의 <내 생애 마지막 오디션>은 서바이벌 프로그램으로 나를 알리는 계기가 되었다. 나 같은 무명 가수들에게 기회를 주겠다는 취지에서 총 31명의 가수가 함께했다. 당시 에피소드가 있다면 심사위원이었던 아이비 선배와의 만남이다.

아이비, 어떤 시어(詩語)처럼 이름만 들어도 가슴이 떨린다. 이성에게 관심이 생기던 사춘기부터 아이비를 동경해 왔다. 나에게는 별과 같은 존재이다. 사춘기 시절에는 아름다운 외모와 열정적인 모습이 좋았지만 지금은 천재성에 감탄하고 있다. 아이비 선배는 음악, 춤, 기획, 뮤지컬, 예능, 연기 등에서 수준 이상의 실력을 발휘하고 있다. 천재성에 더해 최선을 다하는 모습을 보니 나도 모르는 사이에 존경과 동경이 함께 일어난다.

<내 생애 마지막 오디션>에서 아이비가 심사위원으로 지켜보고 있다는 사실에 가슴이 두근거리고 떨렸다. 그래서 실수를 하고 말았다. 방송에는 나오지 않았지만 가사를 몇 번 틀렸다. 솔직히 그녀를 곁에서 본다는 것 자체가 나에게는 떨림이었다. 심사위원이 다른 사람이었다면 어떠했을까. 방송이 끝나고 어렵사리 사진을 함께 찍을 수 있었다. 기회가 있다면 함께 무대에 서 보고 싶다.

<내 생애 마지막 오디션>에서 또 잊지 못할 추억을 준 사람이 있는데 40대 후반의 팬이다. 방송을 하는 동안 보약과 과일, 반찬 등을 보내주고 지금도 매일 새벽기도를 해주고 있다. 나를 위해 누군가 기도한다는 것 자체만으로 기쁨이다. 그분의 고향은 사과로 유명한 경상북도 상주다. 상주에서 서울까지의 거리는 꽤 멀다. 단순히 방송 녹화를 보

고 싶은 마음으로 한 번은 올 수 있겠지만, 녹화 때마다 찾아온다는 것은 매우 어려운 일이다. 그래서 더욱 감사하다. 방송이 끝나고 인사라도 드릴 겸 찾아갔고 그것이 지금도 이어지고 있다. 그분은 나의 새 앨범을 손꼽아 기다린다.

방송이 끝나면 멀리서 그분이 '앙코르' 하는 입 모양을 볼 수 있다. 촬영상 앙코르를 할 수 없었지만 멀리서 보는 나 역시 기쁨을 감추지 못한다.

"앙코르~ 앙코르!"

앙코르는 '출연료 받는 것보다 더 큰 기쁨의 외침'이라고 말하고 싶다. 행사는 특성상 앙코르 받는 경우가 많지 않다. 바로 다음 스케줄이 있기 때문이다. 그러나 앙코르를 받을 때가 가끔 있다. 그때마다 '가수로서 인정을 받는구나.' 하는 기쁨이 크다. 앙코르는 마술과 같은 단어이다.

앙코르를 받기 위해서는 앨범과 무대, 그리고 관객이 있어야 한다. 앨범을 만들기 위해 치열하게 매달렸던 기억이 있다. 2009년 처음으로 트로트 앨범을 냈을 때 '대박이야'가 타이틀곡으로 선정되었다. 당시 MBC <경제야 놀자> BGM으로 나갔다. 하지만 인지도가 낮아 작곡가 선생님께 미안한 마음이 들었다. 5년 후 두 번째 트로트 앨범을 냈다.

두 번째 앨범에는 우여곡절이 많았다. 그래서 앙코르를 더 받고 싶은 마음이 드는 게 2집이다. 앨범을 내줄 회사도, 내고도 홍보해줄 회사도 없었다. 매니지먼트 또한 마찬가지였다. 5년이란 세월 동안 앨범 공백이었기 때문에 마음이 급했다. 그런 나를 안타까워했던 어머니는 1,000만 원을 대출받아 건네주었다.

사실 받을까 말까를 고민했다. 엄마도 경제적으로 넉넉한 형편이 아니었기 때문이다. 고민 끝에 '열심히 하여 갚아 드리자.'라는 결론을 내렸다. 열심히 2집을 제작했는데 나름 예쁘게 나왔다. 직접 프로듀싱하고 앨범 자켓, 콘셉트와 디자인, 촬영과 의상까지 모두 다 내가 직접 했다. 이 앨범을 들고 전국에 있는 방송국을 돌아다니며 열심히 홍보를 했다. 하지만 성과가 거의 없었다.

지금 돌아보면 2집 타이틀곡 '사랑해 당신'은 내 목소리와 그다지 어울리지 않았던 것 같다. 목소리 자체가 트로트와 맞지 않고 이질감이 들었다. 트로트는 특성상 인지도를 빨리 알릴 수 있지만 마음이 급하다 보니 나와 맞지 않

#8989 정보이용료 100원/2분 [1] 로열패밀리
이두혁/최정빈/티나/변승미

총 18,566 건

예선 당시

고아로 자란 가슴시린 사연을 공개

무대 위에 있는 가수만 들을 수 있는 단어다. 앙코르는 '출연료 받는 것보다 더 큰 기쁨의 외침'이라고 말하고 싶다. 행사는 특성상 앙코르 받는 경우가 많지 않다. 바로 다음 스케줄이 있기 때문이다. 그러나 앙코르를 받을 때가 가끔 있다. 그때마다 '가수로서 인정을 받는구나.' 하는 기쁨은 말로 표현할 수 없다. 앙코르는 마술과 같은 단어이다.

은 트로트를 선택했고, 2집까지 내게 되었다. 앙코르를 넘어 내 정체성을 먼저 찾았어야 했다. 하지만 후회는 없다. 내가 할 수 있는 범위에서 최선을 다했기 때문이다. 2집은 내 색깔에 맞는 음악을 하자는 결론을 내리는 계기가 되었다. 비록 시간이 걸리더라도 내게 맞는 음악을 하고 싶다는 생각이다. 2집을 내기 위해 어머니께 빌린 돈 1,000만 원은 지금도 갚고 있다. 2집 앨범 비용은 물론 매니저를 하시는데 그동안 밀렸던 월급을 드리는 셈이다.

어린 시절에는 노래를 잘한다는 말을 곧잘 들었지만 차츰 성장하며 '감각'이 있다는 말로 바뀌었다. 감각, 소질이 있다는 말을 믿고 나는 꿈을 향해 달려왔다. 나는 이미 음악 세계에 모든 것을 걸었다. 불안한 도박이 아니라 된다는 확신으로 말이다.

무대에서 대충 노래하는 가수는 없다. 있다면 눈치 빠른 관객과 관계자들이 이미 배제했을 것이다. 최선을 다하는 가수의 노래가 끝날 때 앙코르를 불러주면 어떨까. 작은 앙코르가 가수에게는 천군만마 같은 후원이 되기 때문이다.

혼자 기획하고, 혼자 만들고, 혼자 홍보한다

인터넷에 '신성훈'을 검색하면 '가수 신성훈, 연예부 기자를 한다고?' 등 연예부 기자 활동 소식을 접할 수 있다. 그 기사는 사실이다. 나는 정식으로 등록된 프리랜서 연예부 기자이다. 가수가 연예부 기자까지 한 이유는 무엇일까.

5년 전만 해도 가수는 노래로 경쟁해야 한다는 생각이 지배적이었다. 행사에 가면 일반인처럼 입고 무대에 오르기도 했다. 무대 뒤에 있다면 가수인지, 관계자인지 모를 정도였다. 주변에서는 외모를 꾸미라고 조언했지만, 나는 귀담아듣지 않았다. 꾸미는 시간과 비용을 노래에 투자한다면 기가 막히게 잘할 텐데 하는 마음이었다.

하지만 연예계는 하루 단위로 트렌드가 변한다. 노래만 잘하는 것이 아니라 뭐든지 다 잘하는 연예인을 좋아하고 불러주는 추세이다. 어느 날 누나라고 부르는 편한 개그우먼을 만났다. 그녀는 개그 콘셉트를 스스로 기획하고, 만들고, 홍보했다. 나에게는 충격적인 모습이었는데 말하자면 '셀프인생'을 살아가고 있었다. 세상이 나를 알아주지 않으니 알게 해주는 삶이 더욱 현실적이라고 할 수 있다.

과거의 나는 가수가 비주얼과 퍼포먼스만으로 무대에 올라가는 모습을 부정적으로 보았다. 가수는 노래하는 게 중요한데 외적인 부분에 신경을 쓰면 아무래도 주의가 산만해질 수 있다는 생각을 한 것이다. 하지만 그 개그우먼을 보면서 생각이 바뀌었다.

'노래 실력에 비주얼까지 더해지면 좋지 않을까?'

나는 그 날 반짝이 옷을 구입했다. 그리고 인터넷으로 메이크업을 배웠다. 얼마 후 반짝이 옷을 입고 무대에 올랐더니 관객의 반응이 확실히 달랐다. 관객의 신나는 반응에 나도 덩달아 노래에 집중할 수 있었다. 이후 관점이 완전히 달라졌다. 노래, 연기, 예능, 외모도 중요하다는 사실을 깨달은 것이다. 이것을 누군가 나서서 해줄 사람이 없다면 스스로가 알아서 해야 한다.

나는 앨범제작, 기획, 소셜미디어 홍보, 이미지 마케팅, 비즈니스 등을 혼자 하고 있다. 한 번은 SNS에 화장품을 찍어 올린 적이 있다. SNS 친구들은 피부 관리실을 하느냐고 물어왔다. 이젠 나를 꾸미는 일에도 익숙해졌고 언론 홍보를 하면서 거기에도 관심을 갖게 되었다. 그러던 어느 날 지인이 연예부 기자에 도전해 볼 것을 조언했다. 연예부 기자의 생리를 안다면 연예인 생활에 도움이 될 거라고 말하는 것이다. 지인은 프리랜서 기자를 추천하면서, 아는 신문사에 이력서를 넣어주었다.

다음 날 면접을 보자는 연락이 왔다. 면접관은 가수가 연예부 기자를 왜 하려는지 물었다. 나는 "연예계에 살고 있고, 연예인의 심리, 시스템 등을 잘 알고 있다. 여기에 나름대로 인맥도 있다."고 소개했다. 면접관은 일주일간 여유를 줄 테니 기획기사와 일반 기사를 써오라고 했다. 나는 기사를 작성했고 얼마 후 합격통지를 받았다. 그리고 처음으로 연예인 외에 기자라는 직업을 얻게 되었다. 프리랜서 기자라 마감이나 특종에 대한 압박은 없었지만 성실한 마음으로 열심히 배웠다. 그렇게 1년간 활동하며 기자들의 인맥과 시스템을 알아갔다.

1년이라는, 짧은 기간 동안 했던 기자생활은 언론의 특성을 이해할 수 있게 했고 셀프홍보에 도움이 되어 지금 그 결실을 거두고 있다. 언론이 많아졌다지만 신문기사를 내는 일은 쉽지 않다. 기자 생활을 하며 친해진 선배 기자들에게 언론홍보로 연락하면 흔쾌히 받아준다. 연예인에게는 검색어에 '나오느냐?, 안 나오느냐?'가 중요한 문제이다. 최근 근황으로 알려지기 때문이다.

연예부 기자들은 바쁘고 특종에 쫓겨 늘 시간이 부족하다. 내 기사를 전화로 전달할 수 있지만 바쁜 사람에게는 어렵다. 나는 그때 전화를 걸어 "보도자료 보내겠습니다."라고 한마디만 하면 된다. 그리고 관련 글을 보도자료 형식으로 정리하여 보내면 기자들이 검토하고 올린다.

형식까지 갖춰 보내는 것은 전문 홍보팀이 있는 기획사

만 가능한 일이다. 나처럼 혼자 활동하는 가수는 그것이 어렵지만 나는 짧은 기자활동에서 큰 수확을 얻어 혼자 홍보하고 있다.

버스킹이 많은 홍대 거리에서도 겨울에는 버스킹을 하지 않는다. 춥고, 사람이 없기 때문이다. 하지만 아무리 추워도 다닐 사람은 다닌다. 일단 해보자는 마음으로 나는 이런저런 장비를 들고 홍대 근처에 갔다. 그리고 아무도 상상하지 못할 반짝이 의상을 입었다. 홍대 거리에서 반짝이 옷을 입고 노래하는 것은 흔치 않은 일이다. 날씨가 추워 칼바람이 불고, 돌아다니는 사람이 적었지만 나는 앨범을 들고 홍보했다.

추위가 절정에 달할 즈음, 한 남자가 다가와 명함을 건네주고 갔다. SBS <모닝와이드> PD였다. 그분은 방송아이템을 찾아다니다가 우연히 나를 보았는데 추운 날씨에 반짝이 옷을 입고 있으니 분명 스토리가 담긴 콘셉트라고 판단한 모양이었다. 기막힌 우연이었다. 다음 날 PD와 미팅을 했다. 그렇게 SBS <모닝와이드>에 열혈 가수 청년으로 소개될 수 있었다.

이후 뭐든지 스스로 해야 한다는 중요한 교훈을 얻었다. 존재를 외쳐야 하는 대표적인 직업이 연예인이다. 나는 스스로 기획하고, 만들고, 홍보를 하고 있다. 아직 갈 길은 멀다. 하지만 셀프의 힘은 나를 서서히 빛나게 하고 있다.

현역 신인 가수로 산다는 것

긴 무명시절을 깨고 시청자들에게 웃음을 주는 개그맨이 있다. 조세호 씨가 유명세를 타기 시작한 건 KBS2 <웃음충전소> '타짱'이란 프로에서였다. 당시 '양배추'로 인기몰이를 하고 있었지만 미래가 보이지 않아 고민하고 있었던 그였다. '타짱'에서 인지도를 올렸지만 그 때뿐이었다. 다시 무명으로 돌아간 그는 양배추를 정리하고 본명인 조세호로 활동했지만 무명을 벗어나지 못했다. 그러다가 <코미디 빅리그>를 통해 알려지기 시작했다. TV 방송에 나오는 그를 보면서 버티는 정신을 배울 수 있다.

중학교 시절, 1세대 아이돌 가수 SES를 보기 위해 공연장을 찾았다. 공연장에는 여러 가수가 나왔는데 나를 사로잡은 건 SES가 아니라 김범수 선배였다. 1집 타이틀곡 <약속>을 부르던 모습은 멋 부리기 좋아하는 중학생에게 노래의 깊이가 무엇인지를 알게 해주었다. 그 첫 만남이 나를 완전히 매료시켜 그날부터 김범수 팬을 자처했고 지금도 라이브를 립싱크처럼 하는 무결점 라이브 가수로서 그를 존경하고 있다.

김범수 선배의 팬이고 그를 스승으로 생각한다. 가수가 자기 장르로 꾸준히 음반을 내고 활동하며, 오랫동안 팬들에게 사랑받는 것은 쉽지 않다. 국내에서도 손가락으로 꼽을 정도이다. 그는 음악 하나로 활동하고 있는데 실력의 깊이가 탁월하기에 가능한 일이다. 기회가 된다면 함께 노래를 부르고 싶다.

중학생 때, 김범수 선배의 앨범테이프를 살 돈이 없어 온종일 라디오방송을 들었다. 가수가 나오면 녹음을 하기 위해서였다. 잠자는 시간을 제외하고 귀를 세우고 라디오를 듣고 있는 내 모습을 본 친구는 내가 음악에 미쳤다고 했다. 나는 이 표현이 그리 나쁘지 않았다. 나는 음악에 빠졌고, 지금도 열정적으로 빠져있기 때문이다.

월드스타 '싸이' 선배는 엽기 트렌드에 맞춰 신선하게 등장한 인물이다. <챔피언>, <강남스타일>, <뉴 페이스> 등으로 댄스 가요의 흐름을 주도하고 있다. 가수로서 싸이 선배만큼 굴곡진 삶도 없을 것이다. 긴 공백기를 갖거나, 가요계를 떠날 수도 있었지만 그렇게 하지 않았다. 쉴 틈 없이 음반을 만들고, 무대에 올랐다. 그런 싸이 선배가 후배들에게 했던 말이 있다.

"지치면 지는 거고, 미치면 미치는 것이다."

연예계에는 자기 일을 열정을 다하는 사람이 많다. 열심 그 이상으로 한다. 자신이 잘할 수 있는 일이라서 더욱 그런 것 같다.

나도 한때 작곡을 한 적이 있다. 하지만 시도했던 여러 곡 중에 세상에 내놓은 것은 1곡뿐이다. 작곡은 내가 잘할 수 있는 일이 아니었으며, 생각한 만큼 아름다운 곡이 나오지 않았다. 지금은 내가 잘할 수 있고 무대에서도 마음껏 내 재능을 펼칠 수 있는 보컬리스트에 집중하고 있다. 목소리와 노래에 담는 감정만큼은 내가 조절할 수 있다. 관객이 내 노래를 듣고 잘했다고 감동하는 그 희열감이 나를 보컬리스트에 집중하도록 만든다. 시간이 흐를수록 보컬리스트로서 성장하는 맛이 있는 것이다.

2003년 스무 살 무렵 가수를 꿈꾼 10명의 친구 모두가 생계를 이기지 못했고, 기다림을 이기지 못해 노래를 떠났다. 어느덧 15년이 지났다. 대부분 대리, 과장 정도가 될 만큼 경력이 있고 가정도 있다. 그들은 모두 다시 가수로 돌아오고 싶어 한다. 전업은 아니더라도 마이크 잡고 노래를 부르고 싶어 한다. 원인은 간단하다. 노래에는 중독의 맛이 있기 때문이다.

어느 날 TV가 고장이 나서 A/S기사를 불렀다. 그는 방에 진열된 앨범, 의상, 악기 등을 보며 혹시 가수가 아니냐고 물었다. 가수라고 말하자 "혹시 대표곡이 무엇인가요?"라고 물었다. 당당하게 말할 수 있는 대표곡이 없었던 나는 어물쩍거렸고 눈치를 챈 그는 TV를 수리하기 시작했다.

그렇다. 나는 대표곡이 없었다. 그러니 배고프고 힘들었다. 일반 사람들은 이런 가수를 '무명(無名)가수'라고 부른다. 하지만 이 세상에 이름 없는 사람이 어디 있겠는가. 많이 알려지지 않았을 뿐, 이름은 있다. 나는 A/S기사가 물어본 것처럼 누구나 알고 있는 유명한 곡이 없었다. 그래서 마음속으로 '17년 차 신인가수'라고 생각한다.

나는 강의에서 신인가수가 한 번에 유명가수가 되는 것은 로또 그 이상의 천운(天運)이라고 말하기도 한다. 비록 천운이 있었다 하더라도 유명세를 유지하는 것 또한 쉽지 않다. 눈치 빠른 사람들은 껍데기인지, 진국인지를 금방 알 수 있기 때문이다. 나는 진국인 가수가 되고 싶다. 계속 달리는 길만 남았다.

17년 차 가수인 나는 A/S기사에게 대표곡 하나 당당하게 말하지 못했다. 하지만 신인가수는 풋풋한 싱그러움이 있지 않은가. 계속해서 신선한 모습을 보여줄 예정이다.

노래할 때
모든 걸 잊어버립니다

　대학공연은 크게 두 가지로 나눌 수 있다. 하나는 축제 공연으로 무대에 올라 2~3곡을 부르고 인사와 즐거운 이야기를 한 후에 내려온다. 관객과 교감을 더 나누고 싶어도 다음 스케줄에 밀려 어쩔 수 없이 내려와야 한다. 짧은 시간에 여러 관객을 만날 수 있다는 장점도 있지만 교감을 나누는 면에서 아쉬움이 남는 건 사실이다. 다른 하나는 토크형식 공연이다. 교양수업의 연장으로 생각하면 된다. 60분~90분가량 특정 주제를 가지고 강의를 한다. 중간에 노래를 빼놓을 수는 없다. 시간이 넉넉하여 관객과 함께 많은 교감을 나누게 된다.

내가 강의할 때 가끔 졸고 있는 친구들을 본다. 이때 <대박이야>, <사랑 그놈>을 불러주면 금방 분위기가 살아난다. 토크형식 공연은 마무리가 될 때쯤 여러 가지 질문을 받는다. 가장 많이 받는 질문은 "어떻게 하면 좋아하는 일을 찾을 수 있고 그 일로 먹고 살 수 있습니까?"다. '여자 친구 있어요?', '얼마나 벌어요?' 같은 짓궂은 질문과 차원이 다르고 사뭇 진지하다. 이런 질문을 받으면 나도 진지해질 수밖에 없다.

좋아하는 일을 찾기도 어렵고, 그것을 직업으로 삼기는 더욱 어렵다. 그런 면에서 나는 행운아라고 생각한다. 나이가 들어도 자신이 무엇을 좋아하는지 모르고 사는 사람이 많다. 10대 시절부터 나는 그것을 명확히 했다. 나를 소개할 때면 당당하게 꿈이 가수라고 밝혔기 때문이다.

좋아하는 일을 찾는 방법은 간단하다. 어떤 일을 할 때 모든 것을 잊고 그것에만 집중할 수 있다면 좋아하는 일이라고 볼 수 있다. 또 그것을 할 때 몰입하는 모습이 있다.

나는 노래 부를 때가 그렇다. 어린 시절부터 동요 테이프를 듣고 그것을 흥얼거렸다. 나이가 들면서 HOT, 젝스키스, 신해철 등의 노래를 듣고 하루하루가 고통인 곳에서 살고 있다는 사실을 잊을 수 있었다. 자연스럽게 음악적인 재능이 자라났다. 노래를 들으면 혼자라는 사실도, 가난하다는 사실도 다 잊게 되었다. 주변에 있는 가수, 작곡가 선생님, 댄스팀 등 그들도 작곡하고, 노래하고, 춤출 때 말로 표현하지 못할 황홀함을 느낀다고 말한다. 좋아하는 일은 기쁨은 물론 황홀함까지 안겨 준다.

영화 <빌리 엘리어트>를 본 적이 있다. 광부의 아들로 태어난 빌리는 발레리나를 꿈꾼다. 광부 아들에게 발레는 사치였다. 체육관에서 황홀함에 빠져 발레를 하는 아들을 지켜본 광부 아버지는 파업 중인 광산에 배신자라는 오명을 쓰고 출근한다. 그리고 아들과 함께 런던에 있는 국립 발레학교에 가서 면접을 본다. 긴장한 빌리는 평소에 닦았던 실력을 보이지 못한다. 면접에서도 질문과 동떨어진 말만 하자 마지막에 심사관이 묻는다.

"빌리, 춤출 때 어떤 기분이니?"

"모르겠어요. 그냥 기분이 좋아요. 긴장되기도 하지만, 일단 춤추기 시작하면 모든 걸 잊어버려요. 그리고 사라져 버려요. 몸 전체가 변하는 기분이죠. 마치 몸에 불이라도 붙어서. 그저 한 마리 새가 되어 나는 것 같아요. 전기 같아요."

좋아하는 일을 어떻게 말로 표현할 수 있을까. 사라져버리고, 새가 된다면 충분하지 않을까. 나에게도 노래는 그러하다. 그런 점에서 노래는 구원이면서 애증(愛憎)이다. 노래를 부르지 않았다면 무엇을 하며 살고 있을까. 좋아하는 일과 그것을 직업으로 삼는다는 것은 천지 차이다. 그 과정을 밟고도 사라지는 사람을 수없이 봤기 때문이다. 직업으로 하겠다는 것은 생계 문제를 해결하겠다는 뜻이다. 생계 문제에 눌려 직업을 지키지 못하는 경우가 많다. 좋아하는 일을 직업화시키는 그 과정까지의 간극은 너무 힘들고 멀다.

주말에 공연하러 가면 가족 단위의 모습이 많다. 인기 있는 가수는 다음 스케줄에 밀려 바쁘게 이동하지만 관계자와 인연을 만들어야 하는 나는 주로 무대 뒤에 머문다. 엄마는 아이와 함께 사진을 찍어달라고 요청한다. 가수로서 당연히 해야 할 서비스이기도 하다. 가끔 아이가 트로트 가수를 꿈꾼다고 말하는 부모를 만날 때는 무척 당황스럽다. 무슨 말을 해줘야 할까.

"즐기면서 연습을 하렴." 같은 어정쩡한 말을 해주면 그들은 약간 실망스러운 표정을 짓는다. 하지만 가수의 꿈을 이루는 데 비법 같은 것은 없다. 중요한 것은 노래할 때 모든 걸 잊게 된다는 점이다. 노래가 직업이 되진 않더라도 힘들고 어려울 때 평안함과 쉼을 가져다줄 것이다. 그것만으로도 노래가 삶에 의미를 부여해주는 것이 아닐까. 내가 노래하는 이유는 간단하다. 노래할 때 가장 살 만하기 때문이다.

가수의 꿈을 이루는 데
비법 같은 것은 없다.
중요한 것은
노래할 때 모든 걸 잊게 된다는 점이다.
노래가 직업이 되진 않더라도
힘들고 어려울 때
평안함과 쉼을 가져다줄 것이다.

자기애(愛)로
나를 보호하자

　가수이자 예능인 하하(하동훈)는 대한민국 대표 예능프
로그램 <무한도전>에서 맹활약을 하고 있다. 힙합가수로
데뷔하여 무명시절을 겪고 MBC <논스톱>에 출연하면서
이름이 알려졌다. 가수 외에도 탁월한 예능감각으로 빨리
자리를 잡은 연예인에 속한다.

　하하 씨가 성공한 비결을 TV를 통해 알 수 있었다. <무
한도전> 촬영카메라가 그를 잡고 어디로 이동하던 중이
었는데, 그는 혼자 중얼거렸다. "동훈아 사랑해, 너는 최고

야", "너는 잘 할 거야.", "칭찬받았으니 엄마한테 자랑해야지."라고 그는 즐거움이 묻어나는 목소리로 말했다. 가식이란 느낌이 없었다. 평소에도 자주 자신을 칭찬한다는 소문이 있다. 그는 누구보다 자신을 사랑하고 연예인에게 불리한 키를 부끄러워하지 않고 가수, 예능인으로 종횡무진 활약 중이다.

누군가 노래가 지겹지 않냐고 물어왔다. 오랜 세월 동안 노래를 불렀는데 여전히 사람들은 나를 모르고, 1년에 고작 몇백만 원밖에 벌지 못할 때도 있으니 지겨울 수도 있다는 이야기다. 또 노래하는 것을 이용하려는 사람들도 있다. 첫 오디션을 본 후 18년이 지났고 이런 생활이 반복되니 지겨울 만도 하다.

하지만 나는 노래가 절대로 지겹지 않다. 지겹다면 벌써 포기했을 것이다. 시간이 흐를수록 제법 깊은 맛을 느끼게 되었고 노래가 더 좋아지고 있다. 단순히 빨리 성공해야 한다는 생각으로 노래 부를 때와 '나의 길'을 간다는 생각으로 부를 때는 확연하게 다르다. 지금은 예전보다 노래가 더 좋다. 천생 가수라고 생각한다.

좋아하는 일을 평생 할 수 있다는 것은 큰 행운이다. 대부분 사람은 자신이 좋아하는 것이 무엇인지를 모른다. 그래서 자기 일을 찾고, 도전하는 사람은 자기애가 강한 사람이라고 할 수 있다. 나도 자기를 이렇게까지 좋아하지 않으면 중간에 노래를 포기했을 것이고, 남들이 원하는 안정된 삶을 선택했을 것이다. 하지만 이젠 끝을 볼 각오를 하고 있다.

한때 수면장애가 심했다. 20대 후반부터 수면장애가 왔던 나는 몸은 죽을 만큼 피곤했지만 잠들지 못하는 날이 많았다. 잠을 자야 다음날 홍보를 하러 나갈 수 있는데 잠들지 못했다. 지금 돌아보니 서른이란 나이가 주는 압박감과 끝 모를 무한 반복에 대한 두려움 때문이었다. 병원에 찾아가 심리치료를 받고 약을 먹었지만 그때뿐이었다. 약은 점점 강해졌고, 내 몸은 약해졌다. 근본적인 해결책이 되지 않는다면 더 이상 약에 의존할 필요가 없었다.

결국 수면장애를 해결하는 방법을 스스로 찾아냈고 지금도 잘 실천하고 있다. 그리고 어느 순간, 노래가 깊어지고 있다는 것을 느끼게 되자 자기애가 다시 살아났다. 지금 책을 쓰는 것도 자기애의 연장인 셈이다. 다시 한번 나를 사랑해야겠다고 다짐한다.

'사랑의 배터리'라는 곡으로 트로트 여왕이 된 홍진영 씨. 귀엽고 깜찍한 이미지로 인기를 끌고 있다. 그녀가 tvN <SNL>에 출연하여 방송에서의 고충을 재미있게 풀어냈다. 그녀는 노래뿐만 아니라 작곡 능력도 탁월하며 많은 재능이 있지만 사람들은 윙크와 귀여운 모습만 바랄 뿐이다. 다른 부분으로 자신을 어필하고 싶은 마음이 많을 듯하다.

가수는 진짜 이미지가 아니라 세상이 만들어준 이미지가 더 많을 수도 있다. 세상이 마음대로 이미지를 재단하기 때문이다. 나 역시 마찬가지였다. 얼마 전 모 케이블방송에서 연락이 왔는데, 유튜브에 있는 나의 과거 스토리를 담고 싶다고 했다. 연예인이 자리를 가리면 안 되지만, 정중하게 거절을 했다. 특별한 이유가 아니면 과거 스토리에 대한 부분은 절제하고 싶다.

나는 과거 때문에 자의든, 타의든 입양가수 이미지가 강하다. 방송에서는 입양가수 이미지를 계속 강조하고 있다. 그리고 입양 홍보대사도 하고 있으니 '고아', '입양'이란 단어가 떠나지 않는다. 고아, 입양이란 단어에는 동정심이 바탕에 깔려있다. 나는 가수가 되기 위해 죽도록 노력하고 있는데 이런 모습을 먼저 느낀다고 생각하니 억울한 것도 사실이다. 18년 동안 해온 노력보다 고아 시절 이야기가 더 주목받는 것이 안타깝다.

처음부터 입양 이미지를 막지 못한 나의 잘못이다. 지금은 '가수 신성훈'으로 인정받고 싶다. 입양가수가 아니라 노력파, 실력파 가수라는 말을 듣고 싶다. 나를 오롯이 가수로 봐주었으면 한다. 공연도 아무 곳이나 가지 않는다. 당장 경제적으로 어렵지만 에너지를 지켜야 한다. 내 노래의 의미와 뜻을 알고 함께 즐길 줄 아는 곳에서 최선을 다하고 싶다. 가장 신성훈다운 길을 가는 것이 나를 사랑하는 일일 것이다. 그 길이 험난하더라도 말이다.

'가수 신성훈'으로 인정받고 싶다.
노력파, 실력파 가수라는 말을 듣고 싶다.
나를 오롯이 가수로 봐주었으면 한다.

미쳤다는 소리를 많이 듣는 가수

CHAPTER 4

지금껏 가수를 포기해
본 적이 없다. 그 과정
에서 시행착오가 있었
을 뿐이다. 시간이 지나
면 실수가 줄어들 것이
다. 나처럼 포기하지 않고
꿈을 위해 사는 사람들이 많
다. 꿈을 향해 달려가는데 누
가 실패했다고 말할 수 있을까.

알아줄 때까지 외쳐본 적이 있는가

만약 발신 불명의 영업 전화가 걸려온다면 어떻게 할까? 대부분 그냥 끊게 된다. 아니면 바쁘다고 하면서 끊는다. 짜증을 내는 사람도 있다. 나는 시간이 허락된다면 그 설명을 듣는다. 그리고 정중하게 거절한다. 이런 행동은 그냥 끊어버리는 일보다 사람을 더 힘들게 만든다고 말한다. 그럴 수도 있다. 하지만 내가 했던 TM(전화마케팅) 경험을 생각한다면 그럴 수 없다.

방송과 인연이 생긴 것은 KBS <아침마당> 이후이다. <아

침마당>으로 여러 방송에 출연할 수 있었고 섭외와 강의요청을 받았다. 나는 <아침마당>에 나가기 전, 거의 모든 방송사, 방송 프로그램에 전화를 했었다. 100개 중 99개 프로그램에서는 거절이 아닌, 기회조차 주지 않았다. 당연한 일이었다. 보조 작가가 콘셉트에 맞는 사람에 관해 미리 회의하고 섭외를 한다. 아니면 기획사에 전화를 걸어 맞는 사람을 찾는다. 나는 알고 지내는 보조 작가도, 기획사도 없었다. 그러니 내 존재를 스스로 알릴 수밖에 없었다.

"안녕하세요. 프로그램 제작부서지요?"

"네, 그런데요. 누구시죠?"

"저는 가수 신성훈이라고 합니다."

"네? 누구요?"

"가수 신성훈입니다."

"네, 그런데 무슨 일이죠?"

"이번에 신설된 코너에 제가 출현했으면 해서요. 이유는…"

"(말을 끊고)네, 알겠습니다. PD님께 이야기해 볼게요. 메일주소로 소개서 보내셔요."

메일주소라도 알려주면 그나마 감지덕지한 일이다. 나는 줄기차게 프로필과 메일을 보냈지만 방송국에서는 연락이 없었다. 내가 누구고, 그 프로그램과 어떤 면에서 맞는지 셀프 섭외를 요청하는 사람이 얼마나 될까. 이런 영업을 '생 영업'이라고 한다. 나는 방송국에 연락하고 찾아다니며 생 영업을 했다. 돌아오는 답은 한결같았다. 심지어 잡상인처럼 취급하거나 장난 전화를 한다고 구박도 받았다.

인연이 된 <아침마당>도 비슷했다. 전화를 걸어 내 이야기를 들려주었다. 다행히 보조 작가는 진지하게 들어주며 한마디 했다. "저희, 가족을 찾는 프로그램과 맞는 것 같아요. PD님께 말씀드려 보겠습니다." 그동안 거절을 많이 받아 반신반의했지만 이번에는 느낌이 달랐다. 다음날 전화가 왔다. 미팅을 하자는 제안에 뒤돌아볼 것 없이 미팅을 하러 나갔다. 그렇게 <아침마당>에 3회 연속 출연할 수 있었다.

<아침마당> 출연 이야기를 들려주면 사람들은 혀를 내두른다. 어떻게 모든 방송국의 제작부서에 전화를 걸어 자신을 알릴 생각을 했는지 말이다. 조금만 생각을 해보자. 나를 찾는 방송국은 결코 없다. 방송에 나가고 싶다면 먼

저 나를 알려야 한다. 일일이 찾아다니면 좋겠지만 사실, 거절부터 돌아온다. 그래서 전화를 선택했다.

세상은 나를 알아주지 않는다. 그것을 어린 시절에 오디션을 보면서 느꼈다. 결국 오디션을 봐야만 내 존재를 알릴 수 있었다. 이 마음은 지금도 변함이 없다. 거리 셀프홍보, SNS, 영화 출연 등 모두가 나를 알리는 일에 속한다. 가끔 앨범으로 얼마를 벌었는지 묻는 사람이 있다. 부끄럽지만, 벌기보다 손해가 더 크다. 실력과 인지도가 부족한 이유도 있지만 유명 가수도 앨범으로 버는 수입엔 구조적인 한계가 있다. 나에게 앨범은 손익을 따지는 경제적 관점에서 보면 안 된다.

명분이 있어야 무대에 올라갈 수도 있다. 가수는 앨범으로 가수가 될 수 있다. 또한 유명하게 만드는 노래도 앨범을 통해 탄생된다. 앨범이 성과인 동시에 시작이 될 수 있다. 특별한 일이 일어나지 않는 이상 앨범으로 큰 수익을 만들어내긴 어렵다. 그래도 만들어내야 한다. 정성과 영혼을 투자해서 말이다. 좋아하는 가수 일을 계속하기 위해서다. 앨범은 나를 알리는 데 가장 강력한 확신을 주기 때문이다. 나는 사람들이 나를 알아줄 때까지 앨범을 내고 셀프홍보를 할 것이다.

셀프홍보에 대해 강의를 하라고 하면 준비 없이도 할 수 있다. 셀프홍보가 유명가수로 만드는 것은 아니지만 나라는 존재를 알리는 데 지대한 역할을 하고 있다. 많은 가수들이 꿈꾸는 방송에도 나갈 수 있는 계기를 마련한 것이다. 사람들의 주목을 받아야 하는 직업이 있다. 연예인이 대표적인 직업일 것이다. 그 직업을 꿈꾼다면 자기를 세상에 홍보하는 방법을 찾아야 한다. 가장 알맞은 홍보가 무엇인지 자신이 잘 알고 있기 때문이다. 세상은 외치는 사람에게 주목한다. 그렇다면 자신을 위해 외쳐라. 외친 사람만이 더 많은 기회를 만들어 낼 수 있다.

세상은 외치는 사람에게 주목한다.
그렇다면 자신을 위해 외쳐라.
외친 사람만이 더 많은 기회를
만들어 낼 수 있다.

무대 뒤의 모습과 빛나게 도와주는 사람들

연예인의 인기는 영원할 수 없다. 만능 연예인 지석진 선배가 방송에서 인기에 관한 우스갯소리를 했다. 최근 SBS <런닝맨>으로 인기를 얻고 중국에 가게 되었는데, 그 큰 중국 공항이 팬들로 가득했다. 유명스타가 된 자신을 실감할 수 있었다. 하지만 중국 일정을 마치고 한국 공항으로 돌아왔을 때 떠오른 생각이 하나 있었다. 바로 '집에 가서 빨리 샤워나 해야겠다.'였다. 공항에서 마주친 사람들은 그가 있든 말든 제 갈 길 가느라고 바빴다. 중국에서 아무리 인기가 있더라도 한국에서는 그저 그렇고, 중국에서의 인기 또한 언제 식을지 알 수 없는 일이었다. 이 롤러코스터를 잘 견디는 연예인이 오래간다.

"올라가는 인기에 기뻐할 것 없고, 떨어지는 인기에 답답해할 필요 없다."

어느 원로배우의 조언이 가슴에 와 닿는다. TV로 보는 연예인은 모두 잘생겼고 예쁘다. 연기도 잘하고 화려한 삶을 살아간다. 그것이 전부가 아니라는 사실은 누구나 알고 있다. 화려한 무대 뒤에는 불안함, 초조함, 걱정 등 다양한 감정이 섞여 있다.

대학생 시절, 생활비를 벌기 위해 아르바이트를 했다. 시급이 높은 일을 찾다가 선택한 일이 놀이동산의 인형 탈 아르바이트였다. 이 아르바이트를 할 때 문제점이 하나 있었는데 그것은 바로 여름방학이라는 것이었다. 인형은 웃고 있었지만 그 안에 있는 나는 땀을 한 바가지나 흘려야 했다. 일이 끝날 무렵엔 몸에 있는 수분이 다 빠져나간 듯했다. 잠시 쉴 때 탈을 벗으면 천국이 따로 없었다. 30도가 넘는 바깥 공기가 시원할 정도였다.

인형 탈은 아이들이 좋아한다. 함께 사진 찍자고 하면 찍어줘야 한다. 사진 찍을 때 가만히 서 있으면 안 된다. 다양한 제스처로 사진을 풍부하게 해줘야 하는데 마지막 한 시간은 팔을 들어 올릴 힘조차 없을 때가 많았다. 웃고 있는 인형 속에는 땀과 피로가 범벅된 한 사람이 있다. 연예인 직업도 그렇지 않을까.

유명세를 떠나 엄청난 노력이 있어야 한다. 외모로만 성공하는 것은 아니다. 성공하고 싶은 만큼 그 이상의 노력을 해야 하고, 그렇게 노력하고도 사라지는 연예인이 수없이 많다. 연예인을 꿈꾼다면 무대 앞 연예인이 아니라 무대 뒤의 연예인도 생각해야 하며 희생을 각오해야 한다.

그런 무대 뒤에 있는, 잊지 말아야 할 사람들이 있다. 바로 스타를 빛나게 해주는 사람들이다. 그것을 이야기했던 가수가 있다. 어려운 환경을 이기고 가수로 성공한 '아이유'는 희망의 아이콘이라고 볼 수 있다. 그녀가 빛나는 것은 빛이 나는 실력도 있지만 빛나게 해준 사람들이 있기 때문이다. 아이유는 자신이 빛나게 해준 사람을 잊지 않고, 고마움을 표현했다.

인터넷에 '아이유가 유독 공연하는 날 예쁜 이유는?'이라는 질문과 사진이 올라왔다. 그녀는 카메라를 보고 답했다.

"신애 쌤이 메이크업 신경 좀 써주셨고요. 서윤 쌤은 헤어에 신경 써주셨고, 혜선이가 옷에 큐빅을 다 달아줬고, 지은이(이지은, 아이유 본명)가 어제 저녁 안 먹었고, 모두의 노력입니다."

아이유가 빛날 수 있는 것은 주변 사람들의 노력 덕분이며, 그녀는 그 감사함을 알고 있었다. 그녀가 빠르게 성장할 수 있었던 요인도 그 감사함 때문이 아닐까.

우리 사회는 '갑(甲)질'로 병들고 있다. 연예계도 다를 바 없다. 일부 연예인은 자신을 빛나게 해준 스태프에게 갑질, 막말을 했다가 사회적 물의를 일으킨 적도 있다. 연예인 본인 능력이 출중할 수도 있지만, 스텝이 있기에 더욱 빛난다. 나 역시 영화촬영을 하면서 상대가 불쾌할 정도로 불편함을 표현하는 배우를 만나기도 했다. 반대로 스텝을 배려하는 배우가 있었다. 시간이 흐른 후에 보니 그들의 상황은 극명히 달라졌다. 100% 자기만족을 위해 누군가를 불쾌하게 했던 배우는 구설에 휘말려 회복불능까지 갔고 상대를 배려했던 겸손한 배우는 빛을 보았다.

무대 뒤에서 수많은 사람이 정신없이 움직이는 걸 본다. 스타를 위해 부지런히 움직이는 그들에게, 때가 되면 음식이라도 대접하고 싶다. 내가 할 수 있는 것은 크게 반가움을 표시하는 인사다. 그리고 밝은 분위기를 만드는 일이다. 무대 뒤에 있을 때 나는 무조건 크게 인사한다. 나를 알아봐달라는 뜻으로 하는 행동이지만 인사로 나의 기운을 나눠주기 위함도 있다. 그들은 이른 시간부터 행사를 준비하고, 행사가 끝나면 정리까지 해야 한다. 돈을 받는다고 하지만 힘든 일이다. 대부분 피곤함에 지쳐 있다.

스타는 무대 위에 서는 사람이다. 하지만 무대 위는 무대 뒤가 있어야만 존재할 수 있다. 무대 위의 인기보다 무대 뒤의 치열함과 소중함을 아는 가수가 되고 싶다. 오늘도 나를 빛나게 하려고 애쓰는 사람들과 함께 끝까지 잘되기 위해 최선을 다한다.

대스타가 되지 못해도 실패한 삶은 아니다

별처럼 수많은 사람들 그중에 서로를 만나

사랑하고 다시 멀어지고

억겁의 시간이 지나도 어쩌면 또다시 만나

우리 사랑 운명이었다면

내가 너의 기적이었다면

이선희 선배의 '그중에 그대를 만나' 가사 중 일부다. 이 노래의 뮤직비디오에는 유명인이 나오지 않는다. 모두 평범한 사람들의 인연에 관한 화면만 나온다. 평범한 사람들을 별이라고 표현한 부분이 인상 깊다. 나 또한 만나는 모든 사람이 별이라고 할 수 있다. 수많은 별 중에 그대를 만났으니 억겁의 인연이다. 아무리 작은 인연이라도 소홀히 할 수 없다.

무수한 작은 인연을 만드는 것은 대통령도, 대기업 회장도, 대스타도 아니다. 평범한 사람들이다. 가수 신성훈을 만들어가는 인연은 평범한 사람들인 것이다.

"가장 훌륭한 노래를 하는 새들만 지저귄다면 그 숲은 얼마나 적막할 것인가!"

미국의 작가이자 교육자인 헨리 반 다이크의 말이다. 숲이 아름답고 활기가 넘치는 것은 평범한 새들도 지저귀기 때문이다. 나는 아직까지 유명방송 출연이나 음원 순위 1위 달성, 수천 명이 모이는 콘서트를 연 적이 없다. 하지만 유명가수만 가득한 곳을 생각해 보자. 선택권 없는 관객은 그 노래만 들어야 하고, 신선함을 느낄 수 없다. 얼마나 삭막하겠는가. 영화도 다를 바 없다. 잘생기고, 예쁜 주연들만 있다면 영화를 만들 수 없다. 조연과 이름 없는 엑스트라가 있어야 영화를 풍성하게 만들 수 있다.

나는 대스타가 아니다. 그렇다고 실패한 인생도 아니다. 음악 세계를 풍부하게 하고 있고, 대스타가 되기 위해 지금도 노력하는 중이다. 실패가 아니라 꿈이 현재 진행형이다. 그럼 진정한 실패는 무엇일까. 두말할 필요 없이 포기하는 일일 것이다. 힘들어서 돌아갈 수는 있지만 포기하는 것은 실패하는 일이다. 나는 단지 정공법으로 달려왔을 뿐이다. 생계를 위해 돌아가는 길을 선택했지만 포기하지 않고 가수의 꿈을 향해 달려왔다. 유명하지는 않아도 결코 실패한 삶은 아니다.

진정한 실패는 포기하는 일이다. 빛을 보는 것은 나중 문제이고 포기하면 이도 저도 안 된다. 끝까지 노력하여 이름이 알려진 연예인이 있다. 걸그룹 EXID 솔지와 배우 유해진 선배다. 솔지는 EXID로 성공하기 전까지 무려 10장의 앨범을 냈지만 단 한 곡도 성공시키지 못했다. 오랜 무명생활을 끝내고 걸그룹에 들어가게 되었지만, EXID도 큰 주목을 받지 못해 무명생활이 이어졌다. 그런데 EXID가 가장 힘들었던 시기에 기적 같은 일이 일어났다. 유튜브에서 유행하기 시작한 '연예인 직캠(직접 캠코더로 찍은 동영상)'으로 기회를 얻게 된 것이다. 누군가 EXID의 '하니' 씨의 '위아래' 공연을 올렸고 순위가 역주행되면서 인기 걸그룹이 되었다.

언제 어디서 어떻게 터질지 모르는 게 연예계다. 그룹이 성공하면서 솔지의 과거 스토리가 알려졌다. 솔로도 무명, 그룹도 무명인 끝에 성공했다. 대스타를 떠나 포기하지 않았기에 지금의 솔지와 EXID가 있다. 솔지의 성공 여부를 떠나 포기하지 않는 것, 그 자체만으로도 실패한 삶은 아니다.

배우 유해진 선배는 국민배우로 등극했다. 정우성, 차승원, 설경구 등 쟁쟁한 배우들 세계에서 자신의 색깔을 당당히 내고 있다. 그는 17살 때부터 연기를 시작해서 20년간 신인배우, 단역배우로 제자리걸음을 했다. 그러다 가수 '노을'의 '전부 너였다.'라는 뮤직비디오로 이름이 알려졌다. 하지만 영화에서는 주목받지 못했다. 그러다가 2005년에 개봉한 '왕의 남자'에서 조연 광대 육갑이로 출연하게 된다. '왕의 남자'의 대성공은 누구도 예상하지 못했다. 당시 초대형 블록버스터들이 줄지어 개봉하면서 '왕의 남자'는 주목받지 못했다. 하지만 입소문을 타고 많은 관객을 울렸다. 그리고 유해진 씨는 남우조연상을 받게 된다. 영화계에 그의 존재가 알려졌고 흥행보증 수표가 되었다.

만약, 유해진 씨가 성공하지 않았더라도 꿋꿋이 연기와 연극을 해나간다면 그 누가 실패했다고 말할 수 있을까. 단지 인지도가 부족하다고 말할 뿐이다. 포기하지 않았기에 지금의 자리에 있다는 것을 부인할 수 없다.

나 역시 지금껏 가수를 포기해 본 적이 없다. 인지도를 올리는 과정이 오래 걸린 것뿐인데 가수로서 실패했다고 할 수 있을까. 그 과정에서 시행착오는 시간이 지나면 줄어들 것이다. 만약 나이가 들었을 때도 지금과 같다면 슬픈 현실이 될 수밖에 없다. 하지만 그렇다고 실패한 삶은 아닐 것이다. 세상에는 대스타만 존재하는 것이 아니기 때문이다. 포기하지 않고 꿈을 향해 달려간다면 그 누구도 실패했다고 말할 수 없다.

나는 대스타가 아니다.
그렇다고 실패한 인생도 아니다.
음악 세계를 풍부하게 하고 있고,
대스타가 되기 위해 지금도 노력하는 중이다.
실패가 아니라 꿈이 현재 진행형이다.
그렇다면, 진정한 실패는 무엇일까.
두말할 필요 없이 포기하는 일이다.

미쳤다는 소리
천 번, 만 번을

"살면서 미쳤다는 소리를 들어보지 못했다면 당신은 단
한 번도 목숨 걸고 도전한 적이 없다는 것이다."

아티스트 W. 볼튼의 말이다. 이 세상에서 가장 행복한
사람을 정의하라면 아름답게 미친 사람들일 것이다. 주변
에 장인, 명장, 고수들이 있다면 그들의 표정을 봐라. 온종
일 끌과 정으로 조각하는 조각가에게 지겨운 표정이란 없
다. 체력이 떨어져 휴식은 있어도 지루함은 없다.

주변에서 현역으로 활동하는 가수, 작곡가, 기획자들은

모두 들뜬 모습으로 일한다. 몸은 피곤해도 표정과 말투에서 행복함이 느껴진다. 그런 사람들에게는 한 번쯤 목숨 걸고 그 일에 도전했던 시기가 있다. 모두가 반대해도 도전했고, 열정적으로 달렸다.

혹시 탁구 선수 사진을 본 적이 있는가? 탁구 선수가 공을 응시하는 사진을 보면 이것저것 신경쓰지 않고 공에 빠져있다는 것을 알 수 있다. 몰입과 집중을 한다는 뜻이다. 몰입과 집중의 결정체는 시간 투자다. 즉 시간을 얼마나 투자했느냐가 관건이다. 이 점에서 나는 매일 행복한 삶을 살아가고 있다.

24살 무렵, 홍대거리와 오디션장을 함께 전전했던 친구들이 있었다. 정말 꿈으로 뭉친 소중한 친구들이었다. 불안한 미래로 '이 길이 맞는지?'를 묻는 친구도 있었다. 시간이 갈수록 연습할 때 빠지고, 버스킹을 대충하는 친구들이 생겨났다. 가수의 꿈을 실현하기 어렵다는 분위기가 엄습할 때 더 늦기 전에 하나, 둘 다른 길로 떠났다. 나는 흔들리지 않았다. 사실 노래 빼고 할 줄 아는 것도 없었고, 무언가 다시 배우기에는 경제적인 여건도 허락되지 않았다. 결국 나만 남게 되었다.

공무원을 준비하는 친구, 기술을 배우는 친구, 영업에 뛰어든 친구 등 그들은 사회 곳곳에 진출했다. 친구들은 차를 구매했고, 나에게 맛있는 밥을 사주며, 결혼과 승진 등 미래를 그려나갔다. 100명이 모이면 100명이 다른 인생 아닌가. 두 끼 제대로 먹는 게 소원이었던 나에게 월급 받고 밥을 사주러 온 친구들은 모두 같은 말을 했다.

"성훈아, 너는 노래에 미친 놈이다. 나는 포기했지만 너는 꼭 성공해라."

20대 시절은 물론 지난 18년 동안 노래에 빠졌다는 소리를 매년 듣고 산다. 사실 이 말이 기분 나쁘지 않다. 20대 친구들은 어느덧 30대 중반이 되었다. 그런데 이상한 일이 일어났다. 친구들이 다시 노래를 하고 싶다며 하나, 둘 돌아오고 있다. 회사를 그만두고 노래를 시작한 친구들도 생겨났다. 가장이 된 친구는 책임질 가족이 있어 전업은 아니더라도 취미로 노래를 부른다. 결국 그들은 다시 돌아왔다. 내 삶을 살아가는 건 누가 아닌 바로 나 자신이기 때문이다.

대부분의 사람은 안정이라는 허상 속에서 살아간다. 하지만 우리 삶이 언제 안정된 적이 있는가? 태어나는 일부터가 불안정의 연속이다. 공부를 해도 불안정, 청춘이라도 불안정, 직장에 있다면 성과 때문에 불안정, 가수라면 언제 뜰지 몰라 불안정하다. 그것을 피하고 싶어 어느 순간부터 우리는 안정을 따라간다. 하지만 주어진 일만 하고 있다면 한 번쯤 꿈을 꿔보는 것은 어떨까. 나이가 무슨 상관인가 말이다.

가수로서는 데뷔 2년 정도 되니 한창 후배이다. 그 후배의 나이는 73세인데 힙합가수다. 대전 한남대학교 힙합동아리에 15학번 새내기인, 71세 임원철 어르신이 합격했다. 이미 여러 매체를 통해 알려진 분이다. 기회가 있어 직접 가서 공연을 봤다. 20대 초반 친구 못지않은 정확한 발음과 발성으로 가사가 또렷하게 들렸다. 나를 감동하게 만든 것은 '가난해서 못 배웠지만 꿈만은 놓지 않았다.'는 가사인데 어르신의 인생을 담은 노래였다.

무대를 보는 내내 반성했다. 내가 지금 하는 일이 누군가에게는 꿈이라는 점 때문이다. 71세, 아직 감이 안 잡히는 나이다. 동갑 어른들은 무엇을 하고 있을까. 임원철 어르신은 무대에서 빛이 났다. 노래를 좋아하는 것은 물론 꿈을 이루는 일에는 나이가 상관이 없다는 것을 몸소 보여주고 있다. 대한민국에 이런 어른들이 더 많아졌으면 좋겠다.

가난한 가수의 매니저가 된 엄마

유명 연예인에게는 매니저가 있다. 나에게도 매니저가 있다. 이 분야의 전문가는 아니지만 전문가보다 더 큰 힘이 된다. 나의 매니저는 바로 엄마이다. 엄마는 가난한 가수의 매니저다. <아침마당>에 출연하고 엄마와 재회를 했다. 시설에 있을 때 나를 후원해주고 방학 동안에 가정집의 따뜻함을 체험하게 해준 분이다. 일정치 못한 생활로 엄마와 연락이 끊어졌지만 우리는 <아침마당>을 통해 재회할 수 있게 되었다. 엄마는 나를 늦둥이 아들로 입양했다. 그 후 내 매니저가 되었다.

몇 번의 방송과 몇 개의 앨범으로 가수라 불리게 되었지만 나는 아르바이트로 생활비를 충당해야 했다. 아르바이트는 가수의 생계에 도움이 되었다. 나이트클럽과 지방행사장에서 초대가수로 요청이 오면 엄마는 내 매니저가 되어준다. 엄마는 넉넉하지 않은 형편에서 보육원에 후원도 해주고 매니저도 자처한 것이다. 늦둥이 아들이 예쁘고 함께하고 싶은 따뜻한 마음일 것이다.

공연을 갈 때면 목적지에 도착할 때까지 많은 이야기를 나눈다. 소소한 이야기로 시간 가는 줄 모르고 목적지에 도착한다. 내가 무대에 오르기 전 엄마는 꼼꼼하게 체크한다. 의상, 헤어, 소품을 챙기고 무대에 오르면 보이지 않는 곳에서 누구보다 크게 박수를 보낸다. 다시 무대에서 내려오면 매니저답게 피드백을 해주신다.

"이번에 바뀐 소개 인사 좋았어. 약간 짧았다는 생각이 들긴 한데, 내려가면서 다시 만들어보자."

"스타는 계단 올라가는 것부터 사람들이 보는 거야. 더 당당하게 걷자!"

노래에만 집중하는 나에게는 황금과 같은 피드백을 해준다. 함께하는 횟수가 늘어나면서 엄마의 피드백이 날카롭게 변했다는 걸 느낄 수 있다. 지방행사장에 도착하여 공중화장실을 찾아 옷을 갈아입을 때도 안타까워하는 사람은 엄마뿐이다. 공중화장실에서 옷을 갈아입고 화장을 하는 가수를, 누가 생각할 수 있을까. 엄마는 내가 옷을 갈아입고 나오면 눈가가 촉촉하게 젖을 때도 있었다.

"미안하다. 엄마가 여유가 없어서…"

"엄마, 저는 괜찮아요. 함께해주는 것만으로도 충분히 힘이 됩니다. 얼른 유명한 가수가 되어 엄마를 행복하게 해드릴게요. 고맙고 오늘도 파이팅입니다."

3년 넘게 반복된 모자(母子)의 모습이다. 그렇게 모자는 안타까움을 끝내고 다시 프로의 세계로 뛰어들어간다. 무대 뒤에서 엄마는 이것저것을 챙겨준다. 어느 매니저보다 든든하게 사랑을 나눠준다. 가수와 매니저 관계에서 사랑의 깊이는, 그 누구도 내 매니저를 따라올 수 없다. 이 세상에서 가장 위대한 힘은 부모의 사랑이기 때문이다.

시간이 흘러서야 알게 된 사실 하나가 있다. 엄마는 말하지 않았지만 이미 두 아들이 있는 상황에서 나를 호적에 올리는 것은 간단하지 않았다. 엄마는 호적에 꼭 나를 올리고 싶어했고 어렵게 이야기를 꺼내 형들을 설득했다. 그렇게 나는 호적까지 완벽하게 입양되었다.

엄마와 형들에게 늘 미안하고 고맙기만 한데 오히려 엄마와 형들은 나에게 미안해한다. 나를 다독이고 챙겨준다. 언제나 그 은혜를 갚을 수 있을까.

"엄마! 형님들! 저에게 미안해하지 마세요. 엄마와 형들을 만나기 전과 비교하면 저는 지금 천국에 사는 거예요. 예전의 고통이 문득 떠올라 공포에 휩싸일 때 엄마와 형들을 보기만 해도 안정을 찾고 행복을 느끼고 있으니까요. 제가 꿈꾸는 가수의 길이 험난하고 멀어도 제 걱정은 하지 마세요. 요즘 저를 사랑해주는 팬들도 많아졌잖아요. 곧 다가올 꿈의 실현을 준비하고 있어요."

사랑하는 마음으로 매니저를 자청한 가족들에게 보답하기 위해 유명가수가 되어 신성훈의 매니저라고 모양새 나게 자랑할 수 있는 날을 만들어 드리고 싶다.

사랑과 이별 그리고 다시 노래

수많은 노래에서 '사랑'이라는 키워드는 절대다수를 차지한다. 이유는 간단하다. 사랑에는 국경, 나이, 이유가 없기 때문이다. 그래서 사랑 노래는 언제나 많은 사람이 공감을 보낸다.

우연히 당신 만나서 당신 만나서 좋아해 버렸어

우연히 당신 만나서 당신 만나서 사랑해 버렸어

사랑해 당신 사랑해 당신 사랑해

난 너무 좋아요 내 가슴이 미쳐 버릴 것 같아요

설레는 내 마음을 들키면 어쩌나

감추려 애를 써 봐도

사랑한다고 말해 봐도 모르면 어쩌나

감추려고 애를 써 봐도

난 당신만 있어 준다면 죽어도 좋아요

난 당신만 있어 준다면 그 무엇도 필요가 없어

내 사랑 그대

나의 두 번째 트로트 앨범 '사랑해 당신' 중 일부다. 사랑 만큼 설렘과 기쁨, 흥분, 아쉬움을 주는 게 또 있을까. 나는 감성을 건드리는 가수다. 인터넷에 <'대박이야' 신성훈, 두 살 연상 여성과 열애>란 짤막한 기사가 있다. 소속사도 이 사실을 밝혔고, 나는 SNS에서 연애 사실을 이야기했다. 나의 20대 기억은 치열함으로 가득하다. 종종 사랑도 찾아왔 지만, 깊이 사귀지는 못했다. 꿈에만 집중한 탓이었다. 28

살 때 작곡가 선생님께서 연애를 하고 있냐고 물었다. 그분은 나에게 깊이 있는 조언을 해줬다.

"성훈아, 가수는 사는 대로 음악하고, 음악 하는 대로 살더라."

선생님은 아름다운 노래를 부르고 싶다면 깊이 있는 연애를 하라고 조언했다. 나는 사랑 노래를 부르지만 누군가 마음을 열고 만나지 못했다는 것을 반성했다. 과거엔 미팅 자리가 있어도 잘 나가지 않았지만 그분의 말씀을 들은 후엔 적극적으로 나갔다. 이상형에 대해 고민한 적은 없었지만, 소개 자리가 늘어나면서 가수인 나를 사랑해주는 사람을 만나고 싶다는 생각을 한 것이다. 그렇게 인연이 시작되었다.

보통의 연인이 하는 사랑을 했다. 맛있는 저녁과 영화, 카페 그리고 응원 메신저, 특별한 추억보다 소소한 행복감이 넘치는 추억을 쌓았다. 어느덧 4년이란 세월이 흘렀다. 다시 인터넷에 <신성훈, 4년 열애 일반인 여성과 결별>이란 기사가 떴다. 일정치 못한 나의 생활패턴과 더 성장하고 싶다는 열망 때문에 서로를 응원하고 결별해야 했다. 부족한 것 없는 완벽한 여성이었고, 나를 사랑해줘서 고마웠다.

깊이 있는 만남은 사람을 성숙하게 만든다. 연애를 하면서 만남-설렘-행복-권태-이별을 경험했다. 노래 가사를 음미할 때 그때를 떠올린다. 평범하지만 특별했던 추억이었다. 그래서 더욱 고맙다. 이젠 각자의 꿈을 응원한다. 기회가 된다면 나는 다시 사랑을 할 것이다. 사랑이 깊어질수록 노래의 깊이도 달라질 거로 생각한다. 요즘 진짜 사랑이 없다고들 말한다. 모든 게 효율성만 따지기 때문이다. 사랑의 결실인 결혼도 '혼테크'라 말하는 시대이다. 사랑을 노래하는 가수라서 그런지 씁쓸한 마음이 든다. 사랑을 효율성과 계약으로 바라본다는 느낌 때문이다.

사랑한다면 그 사람 자체를, 있는 그대로를 사랑하자. 모든 사람의 사랑을 응원한다. 지금 작곡가 선생님을 만난다면 이렇게 이야기하고 싶다.

"사람은 사랑하는 대로 살아가고, 살아가는 대로 사랑합니다."

문재인 대통령과 일본의 다비치, 소메이 요시노와의 인연

비가 오던 어느 날 오후, 친구에게 연락이 왔다. "성훈아, 너 문재인 대통령과 무슨 관계냐?" 처음에는 무슨 뜻으로 하는 말인지 몰랐다. 친구의 이야기는 이렇다. 검색사이트 D사에 '신성훈'을 검색하면 함께 언급되는 인물로 문재인 대통령이 나온다는 것이다. 어리둥절해서 직접 검색을 해보았더니 정말 문재인 대통령이 나왔다.

기억을 더듬으며 문재인 대통령과의 인연을 생각했다. 당선되기 전 '예술발전 특별위원회'를 구축했을 때 그곳에 합

류했다. 이전에는 행사와 봉사활동을 하면서 멀리에서만 지켜봤던 분이다. 그리고 나의 첫 에세이 《천 개의 우산》 사인본을 발송했던 적이 있다. 답장이나 언급은 없었다. 에세이를 보낸 것만으로도 만족했다.

함께 언급된 인물에 대해 언젠가 기자가 물었다. 어떻게 된 이유인지 몰라도 좋은 일이라며 소감을 물었다. 나는 다음과 같이 이야기했다.

"어렵게 노래하고 연기하고 예술을 하는 청소년들과 청년들이 너무 많다. 에세이를 보시고 고단한 삶 속에서 예술을 하는 모든 청춘들에 대해 조금만 더 관심을 가져주셨으면 좋겠다."

지금 생각해보면 대통령이 후보 시절에 참석했던 행사에 나도 참석한 적이 있어 함께 언급된 것 같다. 아무튼 영광이고, 기쁘다. 혹시 기회가 된다면 기자와의 인터뷰처럼 꿈을 가지고 활동하는 예술인에게 깊은 관심을 가져달라 이야기하고 싶다.

연예인을 하다 보니 언론 글을 검색하게 된다. 이 중에 사람들이 궁금해하는 기사가 있다. 일본의 실력파 가수이

193

자 '일본 다비치'라 불리는 여성 2인조 '소메이 요시노'에 관한 것으로 내 책과 앨범 홍보를 지원한다는 기사이다. J-POP에 관심 있는 사람이라면 소메이 요시노의 인기를 알 것이다. 두꺼운 팬과 탄탄한 실력을 갖추고 있다. 나와 그녀들과의 인연은 오래되었다.

일본에서 활동했을 당시 소속사 가수가 '소메이 요시노' 였다. 2009년 처음 만났을 때 꽤 유명한 가수였다. 일본 활동을 앞두고, 소메이 요시노는 나의 일본 데뷔를 좋지 않은 시선으로 봤다. 선배 가수로서 우려와 걱정이 앞섰고 나의 일본문화에 관한 인식이 부족할 것으로 생각했다. 그래서일까. 나를 본체만체했고 행사장에서 밥도 함께 먹지 않았다. 그렇게 4개월 정도 흐르자 소메이 요시노는 가끔 나에게 말을 걸어오기 시작했다. 그리고 이런저런 조언도 해주었다. 4개월 동안 나는 정말 성실하게, 땀을 흘리며 연습하고 또 연습했다. 또한 일본 문화를 존중했고 그것을 배우기 위해 최선을 다했다.

차츰 친해지게 되자 한국말을 할 줄 알았던 '미카'는 무대에 함께할 때 통역을 해주는 등 나를 배려해 주었다. 그녀는 인기가 많고, 많은 팬을 보유하고 있으며 나에게는 아주 착한 친구이다. 그 인연이 10년째 이어져 오고 있다. 앨범이 나오면 그녀에게 보내주고, 나 역시 국제택배로 앨범을 받는다.

《천 개의 우산》이 나왔을 때 미카에게 우편으로 보냈다. 그녀는 내가 보육원에서 자랐고, 정말 힘들게 가수가 된 것을 책을 읽은 후에 알게 되었다고 한다. 나를 새롭게 보게 되었다고 했다. 그래서 두 번째 책과 앨범은 더 적극적으로 홍보해주고 싶어 한다. 지금 일본 라디오 방송에서 MC를 하고 있는데 내 노래를 들려주고 나에 관한 이야기를 종종 들려준다고 한다. 고마운 여사친(여자 사람 친구)이다. 그리고 일본 진출을 하기 위해 두 번째 앨범을 내는 데 많은 도움을 주고 있다. 특히 일어로 녹음을 해야 하는데 보컬 디렉팅까지 해주었다. 발음 교정 등 여러 가지 조언을 받고 있다. 일본 진출을 앞둔 시점에서 소메이 요시노와의 인연은 너무나도 소중하다.

만약 그녀가 한국 진출을 고민한다면 가장 앞장서서 지원할 것이다. 나 역시 소메이 요시노의 성공을 응원한다.

타국의 유명 가수와 윈-윈 하는 모습에서 나 자신이 한층 성장했음을 매번 느낀다.

문재인 대통령과 소메이 요시노는 물론, 나를 알고 응원하는 모든 사람들은 소중하다. 좋은 가수는 가수 본인과 여러 사람이 함께 만들어간다고 믿는다. 그래서 한 사람, 한 사람이 소중한 인연이다. 더 좋은 인연들과 더 아름다운 노래를 만들어, 오랫동안 함께하고 싶다.

박수와 환희를
더 받는 조건

가수는 최상의 몸 상태로 노래를 불러야 한다. 그리고 시간과 장소를 가려 노래해야 한다. 아무 곳에서나 노래를 부르는 것은 자신의 가치를 떨어뜨리는 일이다. 최상의 목소리를 들려주는 것은 관객에 대한 예의이다.

결혼식 축가로 초대받을 때가 많다. 발라드 특성상 결혼의 의미를 부여해줄 수 있어서 결혼시즌에 바쁜 것은 사실이다. 그런데 결혼예식장에 가서 당황했던 일이 몇 번 있었다. 지방으로 결혼식 축가를 부르러 간 날, 서울에서 봤던

예식장과는 사뭇 다른 분위기였다. 아담하고 정감가는 분위기라고 해야 할까. 신랑, 신부에게 인사한 후, 결혼예식장 직원에게 USB로 음원 파일을 줬다. 내 차례를 앞두고 사회자가 서울에서 온 유명 가수라고 소개를 했다. 짧은 축하 인사를 하고 노래를 부르기 시작했다. 노래는 '노을' 선배의 '청혼'이었다.

감정을 잡고 노래를 부르는 데 당황스러운 일이 일어났다. 음악이 끊긴 것이다. 신랑, 신부, 가족, 하객 모두 나에게 집중하고 있었다. 언젠가 사람들과 함께 이 상황에 관해 이야기한 적이 있다. 대부분 노래를 끊고 다시 시작한다고 했다. 적어도 두 번째는 음원이 끊길 일이 없다는 것이다. 그것도 정답이 될 수 있지만 만약 두 번째도 끊긴다면 어떻게 해야 할까.

나는 계속 노래를 불렀다. 음악이 없더라도 무슨 상관인가. 음악이 없으니 오히려 목소리에 더 집중할 수 있었다. 그렇게 끝까지 불렀다. 노래가 끝나자 여기저기서 탄성과 함께 박수가 쏟아졌다. 제대로 노래한 기분이 들어 매우 기뻤다. 그렇게 음악이 끊긴 채 라이브 축가를 했다. 결혼식이 끝나자 신랑이 다가와 살짝 이야기를 건넸다.

"서울 가시면서 커피 한잔 하시라고, 10만 원 더 넣었습니다."

어떤 무대에서든, 혹시 사고가 터지더라도 가수는 최선을 다해서 노래를 불러야 한다. 아무 곳에서나 노래할 수 없지만 일단 노래를 시작했다면 끝까지 불러야 한다. 끊임없이 성장할 경우, 그것이 가수에게는 스토리가 된다. 사람들은 이 스토리에 열광한다. 만약 잘생기고, 노래도 잘하고, 데뷔 즉시 인기가 있으며, 아무 시련 없이 평생을 잘나간다면 스토리 없는 연예인이 될 수밖에 없다. 성장하는 인간미를 느낄 수 없다. 세월이 갈수록 박수와 환희를 받는 연예인은 성장 스토리가 있는 법이다.

나의 성장 스토리에서 빼놓을 수 없는 분은 울산시 시의회에서 일하는 공직자이다. 이 분을 처음 만난 것은 8년 전인데 울산시에 공연하러 갔다가 소개로 만나게 되었다. 울산시 문화 분야를 담당하는 공무원으로 이벤트 회사와 출연자 섭외 관련 일을 한다.

울산시 행사에서는 유명하지 않은 나를 섭외했다. 나

는 최선을 다해 노래했다. 당시 가수로서 무언가 부족함을 느끼고 있었던 시절이었다. 1년 후 다시 섭외가 왔고 나는 흔쾌히 허락했다. 그리고 또 1년 후에 섭외가 오면서 그 인연이 8년째 이어지고 있다. 공연을 마치고 나를 섭외하는 이유를 조심스럽게 물었다. "성훈 씨의 성장하는 모습이 좋기 때문이다."란 말을 들었다. 정말 기뻤다. 성장을 인정받는다는 것은 감사하고 또 감사한 일이다.

나는 빨리 가려는 가수가 아니다. 천천히 가면서 실력을 제대로 쌓는 가수를 꿈꾼다. 또 그것을 위해 매일 연습하고 있다. 지금 세상은 빠름만을 예찬한다. 뭐든지 빨리 이루고 싶어 한다. 하지만 시간과 성장의 관계를 아는 가수가 박수갈채를 받을 수 있다. 또한 빠르게 성공하더라도 그 성공을 계속 유지하는 것은 더 어렵다. 혹시 빠른 성공에 사로잡혀 있다면 그것을 담아내는 그릇이 준비되어 있는지 살필 일이다. 그릇이 커야 성공을 유지할 수 있다.

지속해서 성장하고 그릇을 키우기 위해서는 연습을 빼놓을 수 없다. 꽤 오랫동안 나의 이력서에는 '개인 활동'이 기록되었다. 나는 연습실이 따로 없다. 평소 연습은 노래방에서 한다. 집 근처의 노래방이다. 사장님과는 이미 파트너라 할 정도로 친하다. 새벽에 자다가 벌떡 일어나 노래방에 가서 3시간 정도 부르고, 발성연습을 한다.

다른 연습은 이동 중 차 안에서 한다. 이동하는 시간이 많기 때문에 차 안은 연습하기에 최적인 공간이다. 날씨가 좋다면 햇볕도 받을 겸 운동장을 걸으며 발성연습을 한다. 이런 나의 모습을 카메라에 담는다. 훗날 인기 토크쇼에 나갔을 때 사용하기 위해서다. 신성훈만의 스토리이며 실력 향상법이다.

가수에게 박수갈채는 최고의 선물이다. 그것을 위해 피나는 노력을 하고 또 유지하기 위해 더 많은 땀방울을 흘려야 한다. 그 과정에서 성장하는 자신을 볼 수 있다. 성장은 스토리가 된다. 연예인이 아니어도 좋다. 성장하는 자신만의 스토리를 만들어 보자. 자신에게 박수와 환희를 보낼 수 있다.

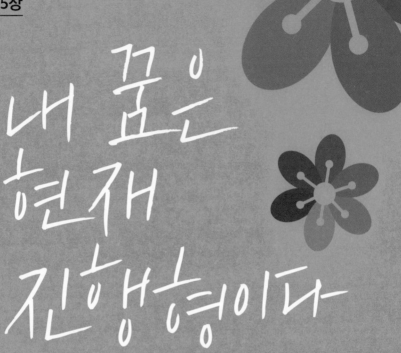

5장

내 꿈은
현재
진행형이다

C H A P T E R   5

공감을 노래로 표현하는
일은 아름답다. 그래서 나
는 가수란 직업이 좋다. 많은 사
람이 좋아하는 노 래로 공감을
살 수 있기 때문이 다. 가끔 '나는
어떤 가수가 되고 싶 은가?'를 자신
에게 묻는다. 오랜 고민 끝에 나는 실
력은 물론 공감을 주 는 가수가 되고
싶다고 생각한다. 관객에게 울림을
주는 가수로 남 고 싶다.

봉사,
투자 없이 할 수 있는
고수익 사업

"여러분 투자 없이 할 수 있는 고수익 사업이 세상에는 많이 있습니다."

사람들에게 의심을 사기에 딱 좋은 말이다. 하지만 정말 있다. 나는 이 사업을 자주 경험했고, 기획했으며, 지금도 고수익을 거두고 있다. 투자 없는 고수익 사업은 바로 봉사다. 봉사는 절대 손해 볼 일이 없다. 그래서 전망이 밝다. 안 해봤으니 한번 시작하면 계속하게 될 것이다. 사실 봉사활동을 고수익 사업이라고 표현한 것은 우리가 궁극적으로 추구하는 행복을 논할 때에 봉사를 뺄 수 없기 때문이다.

오래전부터 이 사업에서 높은 수익을 올리고 있는 분들이 있다. 그 중 특별한 인연을 소개하자면 연기자 정애리 선생님이다. 보육시설에 있을 때부터 봉사하는 모습을 자주 봤다. 행복한 미소와 표정에서 열정적으로 봉사한다는 것을 느낄 수 있었다. 1998년 신촌역의 노숙자 식사 봉사를 할 때 처음 만났는데 천사가 따로 없었다. 나는 보육시설 소속으로 봉사활동을 했고, 선생님은 봉사자로 오셨다. 당시나 지금이나 그분은 기부와 봉사의 아이콘이며, 가까이에서 본다면 누구나 기부천사임을 단박에 알 수 있을 것이다. 선생님은 봉사하고 있는 나에게 격려와 따뜻한 말을 건네기도 했다.

봉사를 하다 보면 자신이 얼마나 부자이고 행복한지를 알 수 있다. 사람마다 돈의 단위와 가치가 다르듯 봉사를 통해 얻는 행복 역시 다르다. 선생님은 지금도 많은 기부를 하시는데, 일반적인 금액 이상의 큰 돈이지만 봉사로 얻은 행복 때문에 훨씬 큰돈을 벌고 있다고 자랑한다.

연예인은 카메라 앞에 서기 때문에 자존감이 높다고 생

각할 수도 있다. 하지만 의외로 자신을 별로 사랑하지 않는 연예인들도 있다. 자기를 사랑하지 않기 때문에 자신의 직업에 대해 소중함을 모르는 경우도 종종 본다. 봉사를 하게 되면 자신의 삶이 얼마나 과분한지를 알게 된다. 나 역시 봉사를 통해 그것을 알게 되었다.

어린 시절부터 연예계 생활을 하게 되면 세상 물정에 어두울 수 있다. 또 자신이 출연하는 배역이 진짜 자신의 모습이라고 생각하기도 하고 설사 힘든 배역을 맡아도 연기라고 생각하고 만다. 그런데 이런 봉사활동을 하게 되면 자신이 얼마나 행복한지 알 수 있다. 더 겸손하고, 더 노력하는 연예인으로 바뀌게 된다.

봉사를 하고도 행복을 느끼지 못하는 사람이 있다면 아마도 정치인일 것이다. 물론 그렇지 않은 정치인도 있지만 슬프게도 대부분 봉사의 특권을 악용한다. 특히 선거철에는 더 많은 정치인들이 몰려오는데 거기에 딸린 카메라는 기본이다. 그들은 봉사를 하면서 사진 찍는 일 외에는 관심이 없다. 행복을 찾는 일을 과시용으로 하는 정치인을 보면 사실 씁쓸하다.

나는 어린 시절을 보육시설에서 보냈고 성인이 된 후에도 봉사활동을 하면서 정치인의 그런 모습을 많이 봐왔다. 그들이 전시용이 아니라 진심으로 봉사하여 행복을 느끼고, 그 행복함으로 국민을 위해 헌신했으면 하는 바람이다.

2006년, 대전에 있는 성심보육원을 찾아갔다. 보육교사와의 인연으로 초대를 받아 아이들을 만났다. 가수로서 마땅한 이력이 없었지만, 아이들은 가수가 온다는 말에 기대가 컸다. 순수한 아이들은 나를 유명스타로 대접했다. 사인을 받고, 함께 노래도 불렀다. 한 번이라도 내 곁에 있고 싶어 하는 아이들과 함께 즐거운 시간을 보냈다. 가수로서 세상이 몰라줘도 아이들만큼은 나를 스타로 대접했다.

봉사란 서로 주고받는 일이다. 나는 아이들에게 스타로 대접받았다. 나는 보육원에서 월드스타 '비'를 만나기도 했다. 월드스타 '비'가 왜 그곳에서 하룻밤을 잤고, 격려했는지 그 마음을 조금은 알 수 있을 것 같았다. 나는 지금도 늘 새로운 방식의 기부를 기획하고 있다. 아이디어가 떠오르면 봉사멤버들과 수시로 의견을 나눈다. 음원 기부는 오랜 세월이 필요한 일이기도 하지만 수익금이 많지 않다. 그래서 빠른 기부를 위해 일일 포차 운영 계획을 세우기도 했다. 그날의 수익금 전액을 기부하는 방식으로 말이다.

MBC의 <나누면 행복> 제작팀이 직접 참여하여 일일 포차를 운영해 성공적으로 기부금을 전달하기도 했다. 나는 <나누면 행복> 등 사회기부 프로그램에도 자주 나간다. 지인 연예인들과 봉사하는 것뿐인데 어떻게 알고 섭외가 들어오는지 모르겠다. 앨범을 내고 활동하게 되면 오히려 봉사활동에 시간을 많이 내지 못하게 되니 아쉽다. 또한 방송 섭외에 적극적으로 나가는 이유는 봉사문화 확산을 위해서다. 더 많은 사람이 봉사활동에 참여했으면 좋겠다.

연예인뿐 아니라 주변의 지인들도 봉사에 많이 참여하고 있다. 부동산투자개발전문회사 '리안컴퍼니' 김치경 대표는 형의 소개로 알게 된 분이다. 봉사활동을 다닌다는 내 이야기를 듣고 함께 봉사하고 싶다며 연락이 왔다. 특별한 봉사활동을 하고 싶다며 도와달라고 했다. 그 특별한 봉사는 입양합창단원이 노래 부를 만한 장소가 없어 이를 제공해주는 것이었다. 김치경 대표는 기부를 통해 65명의 합창단을 후원해주었다. 강당대관료는 물론 녹음실 비용과 단체

티셔츠, 도시락까지 모두 후원한 것이다.

봉사는 연락이 안 와도 내가 가기만 하면 된다. 내가 가서 노래로 봉사하면 된다. 돈을 받고 노래 부르는 것보다 더 큰 행복감이 밀려온다. 봉사는 전 세계 모든 사람을 행복하게 해줄 수 있다. 특권이며 기회이기도 하다. 누구에게 허락받을 필요가 없다. 그 행복감을 느끼기 위해 누구에게 내밀어야 할 서류도 없고, 눈치 볼 일도 없다.

친구들이 나를 보면 "누가 보면 네가 사회복지사인 줄 알겠다."라는 말을 자주 한다. 그러면 나는 "봉사는 시간만 활용하는 것인데 뭐가 문제니? 너도 해보면 무슨 뜻인지 알게 될 거다."라고 말한다.

나는 몇몇 친구들을 봉사의 세계로 인도하기도 했다. 지금은 나보다 더 적극적으로 주변에 봉사를 알리고 있다. 봉사활동을 하고 싶다면 절대 어렵게 생각하지 마라. 준비할 것은 아무것도 없다. 근처 주민 센터에 전화를 걸면 친절하게 나에게 맞는 봉사활동에 관해 설명해준다. 누구든 마음만 먹으면 쉽게 할 수 있다. 귀하고 큰 행복을 느낄 수 있다.

봉사모임 조이프렌즈, 큰일을 내다

봉사활동으로 행복과 재미를 느끼고 있을 때였다. 봉사를 더 확산할 만한 특별한 방법이 없을까, 의견을 나누다 봉사리스트를 뽑아봤다. '음원 기부', '이벤트 열어주기', '방송 출연' 등 여러 가지를 생각했다. 리스트를 보며 혼자는 어렵겠다는 생각이 들어 마음 통했던 친구들과 봉사모임 '조이프렌즈'를 결성했다. 결성을 내가 했으니 리더는 내가 되었다. 리더라고 딱히 다른 것은 없었다. 책임감만 더 있을 뿐이었다.

조이프렌즈로 여러 가지 일을 해나갔다. 하나, 하나 일을 해나갈수록 봉사의 힘이 얼마나 강한지 알 수 있었다. 바자회 준비를 할 때였다. 주로 참석을 했고 바자회를 주도한 적은 없었다. 어디서 후원을 받고, 어떻게 알려야 할까 막막했다. 더욱이 바자회는 80가지 물건이 있어야 사람들이 몰려온다는 통계까지 있었다. 조이프렌즈를 모아놓고 의논했지만 뾰족한 방법이 없었다. 집에 와서 생각해도 답이 없었다. 이럴 땐 아는 사람에게 묻는 게 최고라고 생각했다.

10여 명에게 바자회 취지에 관한 문자를 보냈다. 여기저기에서 반응이 왔다. 홍보팀에 일하는 친구에게 연락하니 물건 후원, 바자회 관련 기관 연락처를 보내주는 등 다양한 반응이 왔다. 역시 문제는 함께 나눠야 해결된다. 다음 문제는 여러 사람이 모일 큰 장소가 필요했다. 장소를 고민할 때쯤 전화 한 통이 걸려왔다. 방송사 YTN에서 연락이 왔는데 조이프렌즈의 소식을 듣고 남산타워를 빌려주겠다는 것이다.

물품과 장소가 마련되었다. 그리고 곳곳에서 바자회의 참석을 내비쳤다. 지인 연예인들도 적극적으로 참석 의사를 밝혔다. 2016년 10월 어느 가을날, 2천여 명이 넘은 사람들이 바자회에 참석했다. YTN에서는 생방송으로 바자회 소식을 전했고, 여러 방송국과 신문사에서도 취재하느라 바빴다. 봉사를 시작한 이후 가장 정신없었던 하루였다.

조이프렌즈에서는 지금까지 6번째 앨범을 기부하고 있다. 기부금은 당사자에게 바로 입금된다. 봉사단체, 기업에서 음원 이용 문의가 온다. 언젠가 '근이영양증'이란 희소병을 앓고 있던 고대환, 고은환 두 형제에게 음원을 기부했다. 네 번째 음반인 'You're My Friend(우리가 있잖아 Part.2)'였다. 프로듀싱은 작곡가 '혼수상태(김경범)'가 맡았고, 작곡, 편곡, 피아노는 작곡가 AM(오지헌)이 맡았다. 기타리스트 '정진우'가 세션을, '남세훈', '김명선', '전경훈' PD가 엔지니어링을 맡았고 앤스타컴퍼니의 김대건 대표가 홍보를 했다.

SBS 방송 <찾아가는 희망 릴레이>에 공개되면서 두 친구에게 많은 도움을 주었다. 이 모든 일을 혼자 하는 것은 불가능한 일이지만 주변 사람들 덕분에 성공적으로 끝마칠 수 있었다. 누군가 나에게 가장 기억에 남는 봉사에 관해 물었다. 어떤 봉사든 다 의미가 있고 특별하기에 '대·중·소'는 없다. 하지만 굳이 소개하자면 정말 기쁘고 행복한 표정으로 모두를 가슴 따뜻하게 했던, 지적장애인 엄마와 딸을 위한 봉사가 있다. 3년 전 지적장애인을 소개받았는데 같이 밥을 먹을 수 있겠느냐고 해서 스케줄을 잡았다.

그 집에서는 바퀴벌레가 넘쳐났다. 나는 바퀴벌레가 위생적으로 좋지 않은 것은 물론 사람의 마음을 얼마나 스산하게 하는지를 잘 알고 있었다. 그래서 식사는 식당에서 하고 배우 김희정 님과 이환 님 그리고 작곡가 에이엠이 함께 힘을 모아 바퀴벌레를 박멸하자는 결의를 했다. 우리가 바퀴벌레를 죽이지 않으면 영원히 그 집에서 모녀와 함께 살 것만 같았다. 그래서 당장 할 만한 게 뭐가 있을까 궁리를 하다가 약국, 슈퍼마켓에 가서 약, 스프레이, 파리채를 구매했다. 근처 약국, 슈퍼마켓에 있는 걸 모두 샀다. 마스크와 장갑을 낀 후 스프레이, 파리채로 바퀴벌레를 마구 잡기 시작했다. 그리고 내부는 연기로 박멸했다. 정말 바퀴벌레들이 끊임없이 나왔다. 불을 끄면 '쓰윽, 쓰윽' 움직이는 바퀴벌레를 보며 살았을 여자아이를 생각하니 마음이 아팠다.

우리는 아침 10시부터 오후 5시까지 청소를 했다. 그 사이, 딸은 메이크업 장소에서 예쁜 드레스를 입고 있었다. 드레스와 메이크업은 협찬을 받았다. 엄마는 장애인 단체에서 일하고 있었기에 퇴근 시간에 맞춰 딸을 데려왔다. 예쁘게 화장하고 아름다운 드레스를 입은 딸과 엄마가 손을 잡고 집으로 들어왔다. 바퀴벌레를 박멸하고 깨끗해진 집을 본 그 순간 엄마와 딸의 표정은 정말 행복해 보였다. 그 당시 두 사람의 환한 미소와 감사하다는 말 등… 지금도 잊지 못한다.

나는 노래를 통해 알게 된 사람들과 함께 지금도 봉사활동을 하고 있다. '100명의 합창단', '65명의 합창단', '의료 나눔 봉사', '나눔 콘서트' 등이다. 절대로 혼자 할 수 없는 일이다. 많은 사람이 봉사의 의미를 알고 도와줬기 때문에 가능했다. 세상이 삭막해졌다 한들 아직 살 만한 이유는 진심 어린 봉사가 있기 때문이다. 나 역시 건강이 허락하는 한, 평생 봉사를 하고 싶다.

세상이 삭막해졌다 한들
아직 살 만한 이유는
진심 어린 봉사가 있기 때문이다.
나 역시 건강이 허락하는 한,
평생 봉사하고 싶다.

공연비 150만 원
그리고 이상과 현실

엄마가 매니저 역할을 하고 있을 때였다. 서울에서 자동차로 4시간 30분 거리에 있는 모 지역에 행사가 잡혔다. 공연비는 150만 원이었다. 공연 시간을 보니 1박을 해야만 했다. 아무리 낮게 책정해도 대략 50만 원 정도의 숙박비와 교통비가 필요했다. 일정한 수입이 없는 엄마나 나나 50만 원 경비를 따로 마련하는 게 쉽지 않았던 시절이었다.

엄마는 "가수가 불러주는 곳에 가지 않으면 안 된다."며 경비를 구해보겠다고 말했다. 대출이나 마이너스 통장을 생각할 수 있지만, 일정한 수입을 신고하지 못하니 그림의 떡이었다. 친구들도 사정은 비슷했다. 고민 끝에 일수를 끌어왔다. 일주일 대출에 높은 이자를 물어야 했다. 엄마에게는 친구에게 빌렸다고 거짓말을 했다. 그리고 공연을 하러 갔다.

주최 측에서는 공연비를 바로 입금해주겠다고 했다. 그래서 입금되기만을 기다렸다. 그런데 일주일이 지나도 끝내 공연비는 들어오지 않았다. 처음에는 죄송하다며 곧 입금을 하겠다고 했지만, 나중에는 전화도 받지 않고 잠수타는 분위기였다. 이자는 올라가고 독촉 전화는 매일 계속되었다. 일수를 끌어왔다고 엄마에게 솔직히 이야기하자 엄마는 나를 이해해줬다. 다행히 형이 도와줘 급한 불을 끌 수 있었다.

공연비는 어떻게 되었을까? 지금도 입금되지 않았다. 가수라면 한두 번 겪는 일이 아닐 것이다. 내 노래의 가치를, 공짜도 아니고 사기를 쳤다는 사실에 화가 난다. 유명 가수라면 오히려 주최 측에서 계약금을 먼저 건넨다. 자칫하면 일정을 취소할 수 있기 때문이다. 지금 생각해도 서글프고 화나는 일이다.

가끔 연예인 소식을 다루는 프로그램을 볼 때가 있다. 연예인들의 일상, 소소한 이야기, 근황 등을 다루기도 하지만 대부분 시청률을 의식한 자극적인 내용이 많다. 반면 연예인의 현실적인 문제들을 다루는 경우는 거의 보지 못했다. 100% 음악만으로 먹고살기 힘들더라도 정당한 대가를 당당하게 받는 당연한 세계를 만나고 싶다.

지금 대한민국 가요계는 아이돌이 주류를 이룬다. 아이돌 자체는 엄청난 연습과 노력으로 탄생하고 그들은 곧 무한 경쟁에 들어간다. 워낙 많이 데뷔하다 보니 소수 중의 소수만이 살아남기에 유명도를 떠나 실력 면에서는 전 세계 최고라고 말할 수 있다. 하지만 문화는 다양성 속에서 발전한다. 한쪽으로 치우치면 발전이 없고 편향 속에서는 경쟁만 일어난다.

때에 따라 뜨기 위해 자극적인 요소도 서슴지 않는다. 세상과 어른들이 그렇게 만들었으니 따라가는 것이다. 편향된 아이돌 세계, 아이돌 때문에 밀려난 가수들, 이들 모두 쉽지 않은 상황이다. 그래서 가수보다 연기에 집중하게 되고, 예능에 발을 돌리는 일이 비일비재하다.

이제 음반 플랫폼은 LP판, 테이프, CD, 음원 파일로 진화했다. 실시간으로 듣는 스트로밍의 시대다. 앞으로 어떻게 발전할지 알 수 없다. 음원 파일의 등장은 오프라인 상품인 CD시장을 잠재웠다. 가수 팬이나 CD 마니아, 스트로밍 서비스를 사용할 줄 모르는 사람만 CD를 구매한다. 이렇듯 오프라인 상품이 불필요하게 되면서 가수로 데뷔하는 비용은 대폭 낮춰졌다. 말 그대로 몇백만 원이면 누구나 가수가 될 수 있는 시대가 열렸다. 누군가의 표현대로 '전국민 가수시대'가 열린 것이다.

TV에서도 분위기에 맞춰 국민오디션 프로그램이 많아졌다. 그런 프로그램은 우리 주변의 평범한 이웃도 가수가 될 수 있다는 꿈을 심어준다. 오디션 프로그램은 다시 크로스오버 등으로 확대되고 있다. 많은 사람이 노래를 즐기는 건 긍정적인 일이다. 하지만 아이돌에 편향된 시장은 문제가 있다. 아이돌을 제외한 작은 시장에도 가수들이 뛰어들 여건이 되길 바란다.

그만큼 공급이 많다면 "너 아니어도 노래 부를 사람 많다."라는 논리로 통할 수 있다. 경제논리가 지배하는 세상에서 싼 가격을 찾는 것은 당연하다. 하지만 문화에는 퀄리티라는 게 있다. 공장에서 찍어내는 공산품이 아니기 때문이다. 공급이 많아지면 수요는 퀄리티보다 싼 가격의 상품을 찾게 마련이다. 퀄리티를 소중히 하는 일부 마니아만 제가격에 문화를 소비할 수 있게 된다.

대형기획사는 더욱 시스템적이고, 더 빠르게 아이돌을 상품화시킨다. 아이돌이 늘어나면 기존 가수들의 활동 범위는 점점 좁아지게 된다. 한정된 수요 속에서 경쟁은 더 치열해진다. 가끔 뜨기 위해 자극적인 요소를 과감히 시행하는 경우도 있다. 노래의 퀄리티는 뒷전이고 상품화의 행보는 지속되고 있다. 자본주의 세상에서 당분간 이런 반복은 계속될 것이다.

누군가 현재의 가요계를 '노답'이라고 말했다. 이렇게까지 된 이유는 다양할 것이다. 이젠 머리를 맞대야 한다. 대한민국은 흥이 많은 곳으로 음악을 빼놓고는 이야기할 수 없다. 분명 더 다양하고, 더 풍부하며, 공정한 가요계가 열릴 것으로 생각한다.

관객을 울리는 힘은
공감과 함께 온다

재래시장 공연을 다니다 보면 할아버지, 할머니 관객이 많다. 나는 그분들에게 화답하듯 꽤 오래된 노래를 불러 드린다. 취기가 올라온 어르신은 스스럼없이 춤을 춘다. 무대가 절정에 오르면 어르신들은 음정, 박사, 춤사위가 아무 상관 없어진다. 흥에 취해 함께 한바탕 놀면 될 뿐이다. 나 역시 무대를 즐기는 관객이 있어 행복한 순간이다.

지방공연, 재래시장, 야유회 등 노래가 있는 곳이면 평소 점잔 뺄 것 같은 양복 입은 신사도 분위기에 취해 노래와 춤을 춘다. 이런 모습을 자주 보는 나는, 대한민국 사람은 흥이 많다고 생각한다. 어르신들을 위한 공연에서는 중간에 인사와 소개 시간이 있다. 반짝이 의상에 밝은 미소, 그리고 잘(?)생긴 얼굴로 인사드리면 인심 좋은 할머니는 "왕자가 온 것 같다."며 칭찬을 해주신다.

언젠가 축제시즌 공연 스케줄로 체력에 무리가 온 날이 있었다. 몸은 힘들었지만 모 지역 어르신 축제 무대에 서야 했다. 그래서 바닥난 체력으로 무대에 올라갈 준비를 했다. 진행자가 내 소개를 하고 무대에 올랐다. 첫 곡은 무난히 마무리되었다. 이런저런 이야기를 나누다 갑자기 진행자가 나를 당황하게 하는 질문을 했다.

"성훈 씨, 성훈 씨의 할머니, 할아버지는 어떤 분이었습니까?"

평소 진행자들과 주고받은 대화가 아니라서 나는 당황스러웠다. 어떤 말을 해야 할까. '저의 할아버지, 할머니는 어린 시절 자상하셨고 나를 사랑해주신 분이었습니다.' 이런 말을 해야 하나, 아니면 '어린 시절 돌아가셔서 기억이 없습니다.'라고 말할까 등 순간적으로 여러 가지 생각이 겹쳤다.

그렇다고 '낳아주신 부모님 얼굴도 모르는데 할아버지, 할머니는 알 수 없습니다.'라고 말하기에는 분위기가 가라앉을 것 같았다. 대답은 해야 하니 나는 솔직히 말하기로 했다.

"저는 시설에서 자랐습니다. 바로 고아원입니다. 그래서 할아버지, 할머니가 누군지 모릅니다. 하지만 제 노래를 들어주신 모든 어르신이 저에게 할아버지, 할머니입니다. 아마도 대한민국에서 할아버지, 할머니가 가장 많은 가수는 제가 아닐까 생각합니다. 그런 의미로 할아버지, 할머니 큰절 받으세요."

그렇게 나는 큰절을 올렸다. 짧은 순간이었지만 진행자와 어르신들 모두 놀란 눈치였다. 그리고 나는 주저 없이 다음 곡으로 넘어갔다. 노래를 끝내고 내려왔더니 어떤 할머니가 나를 기다리고 있었다. 자신을 '할머니'라 부르라는 것이다. 그 할머니는 잘생긴 손자가 생겼다고 좋아하셨다. 지금도 잊지 못할 공연이다. 할아버지, 할머니들은 내 나이 또래의 손자, 손녀가 있으실 것이다. 세상 풍파 모르고 노래만 잘하는 가수가 아니라, 홀로 자라 노력하는 모습을 예쁘게 본 것으로 생각한다.

2012년, 전 국민 오디션 대회 '슈퍼스타 K 시즌 4'에 출연한 아버지가 있었다. 그 아버지가 부른 노래는 '10월의 멋진 날에'였다. 노래를 듣고 분위기 메이커였던 이하늘 씨가 눈물을 보였다. 사연은 이랬다. 남성은 자폐아를 둔 아버지였다. 잇따른 사업 실패로 아들에게 교육을 시키지 못한 것을 안타까워했다. 방송에 출연한 이유는 아들에게 용기를 주고 싶다는 것이었다. 이하늘 씨는 노래 부르는 사람의 마음을 담았다고 평했고, 백지영 씨는 탈락을 주면서 "이 경쟁에 끼지 마세요. 아드님과 가족들을 위해 항상 노래 많이 해주세요."라는 주문을 했다.

이런 아버지의 모습에 그 프로그램은 높은 시청률을 보였다. 아버지는 잘생긴 외모가 아니었고, 노래도 성악가처럼 부르지 않았다. 하지만 많은 사람이 눈물을 흘렸다. 이유는 누구나 알 것이다. 바로 자식을 사랑하는 아버지의 마음 때문이라는 것을. 아버지는 그것을 노래로 표현했다. 공감의 힘이었다.

'스타(Start)'는 말 그대로 별이다. 일반인과 다를 바 없지만 TV 안에서는 범접할 수 없는 존재이다. 그런 스타를 보면서 아이들은 스타를 꿈꾼다. 하지만 다른 부류의 스타가 있다. 바로 공감을 주는 스타이다. 멀리 있지 않고 주변에 있는 친근한 스타를 생각하면 된다. 이런 스타 이미지를 떠올리면 평범한 외모인 나와 함께 퇴근 후 치킨과 맥주를 마실 수 있을 듯하다. 보통 사람의 삶에서 벗어나지 않는 공감적인 스타를 말한다.

나도 처음에는 백마 탄 왕자 스타를 꿈꾸었다. 어려운 환경을 이기고 꿈, 부, 명성 모든 걸 얻는 왕자 말이다. 하지만 왕자를 추구할수록 관객은 멀리 있는 것만 같았다. 다시 가수의 개념을 정립했다. 과거를 공개하고 보통 사람과 다를 것 없이 꿈을 향해 열심히 살아가는 모습으로 말이다. 그랬더니 관객과 더욱 가까워졌다는 사실을 느낄 수 있었다.

그리고 관객도 자신의 이야기를 나에게 하기 시작했다. 그 전까지 나는 세상에서 나만 불행하고 나만 힘든 줄 알았다. 가장 사랑받고 보호받아야 할 때 사랑과 보호를 받지 못했기 때문이다. 하지만 나를 공개한 후에 관객과 이야기를 나누다 보니 나 못지않게 모두에게 사연이 있다는 것을 알게 되었다. 나는 지금은 음악을 통해 그들을 위로 하고 있다.

공감을 노래로 표현하는 일은 아름답다. 그래서 나는 가수란 직업이 좋다. 가끔 '나는 어떤 가수가 되고 싶은가?' 를 자신에게 묻는다. 나는 실력은 물론 공감을 주는 가수가 되고 싶다. 관객에게 울림을 주는 가수로 남고 싶다.

포기하지 않은 사람만이 얻는 것

굴곡 심한 연예계에 있다 보니 이따금 희망을 주는 소식들은 큰 힘이 된다. 특히 나에게 자극을 주는 것이 있다. 모두가 늦었다고 여길 때 7전 8기의 도전으로 성공한 연예인들의 소식이다. 나 역시 이런 소식을 더 많이 전하는 연예인이 되고 싶다.

영화 <밀정>으로 이름을 알린 배우 허성태 씨. 그의 스토리는 토크쇼 프로그램을 타고 많은 사람에게 희망을 주었다. 영화 <범죄 도시>에서 독사파 두목으로 나오며 카리스마 있는 연기로 사랑받았던 배우이다. 그는 35세 나이에 배우에 도전했다. 러시아어를 전공하여 대기업에서 해외 영업 담당으로 사회생활을 시작한 그는 조선소로 자리를 옮겨 관리자로서 직장 생활을 한다. 탄탄한 직장과 안정된 삶이 있었다.

그러던 중 2011년, TV를 보다가 SBS <기적의 오디션>을 시청하게 되었다. 배우를 발견하는 프로그램이었다. 어릴 적부터 배우라는 꿈을 꾸었던 그는 여기에 도전을 한다. ARS 전화로 접수하고 곧 합격 소식을 듣게 된다. 합격한 사실은 기뻤지만 중요한 결정을 해야만 했다. 과장으로 승진을 앞두고 있었기 때문이다.

배우 일에 도전할 만한 가치가 있다고 판단한 그는 사표를 냈다. 그리고 <기적의 오디션>에서 5등으로 배우 생활을 시작한다. 허성태 씨도 다른 배우와 마찬가지로 단역에 출연한다. 그리고 6년간의 무명생활을 거친다. 인터뷰에서 회사를 그만두고 배우에 도전한 것에 대해 후회한다고도 말했다. 그만큼 치열하고 힘들었다는 뜻이다. 결국 180번의 오디션을 보고, 영화 <밀정>에 출연하여 이름을 알리는 배우로 성장하게 된다.

이렇게 꿈을 이룬 사람의 이야기를 들으면 기분이 좋다. 그들이 가는 길을 나도 가고 있다고 생각하기 때문이다. 후배 가수 박하이도 마찬가지다. 직접적인 인연은 없지만, Mnet <프로듀스 101>을 통해 소식을 접했다. 보통 걸그룹 은퇴를 고민하는 30세 즈음 그녀는 가수라는 길에 들어섰다. 어릴 적부터 연예인 기질이 있었던 그녀는 부모님의 응원으로 무용과를 지원한다. 하지만 집안이 어려워지면서 그녀가 받을 수 있는 교육은 문화센터 교육이 전부였다.

꿈은 있었지만 그녀에게 현실은 냉혹했다. 기획사의 갑질과 대표의 잠적 등 연예인으로 데뷔하는 데 어려움이 많았다. 그리고 경제적인 궁핍이 그녀를 엄습했다. 콜센터 상담원, 식당 서빙, 단역 배우 등 아르바이트로 돈을 벌어가며 '가수'라는 꿈을 포기하지 않았다. 그런 생활이 10년 가까이 되어갔다.

그녀는 가수라는 꿈이 희미해져 갈 때 '프로듀스 101'이라는 프로그램에 도전을 한다. 중간에 탈락하는 고배를 마시기도 했지만, 지금 활동하고 있는 기획사와 인연이 되어 첫 앨범 '하이어'를 발매하게 된다. 결국 그녀는 11년 만에 가수로 무대에 오를 수 있게 되었다. 늦게 시작했으니 더 오랫동안 활동하길 멀리서나마 응원하고 싶다.

"불행을 고치는 약은 오직 희망밖에 없다."

극작가 셰익스피어의 말이다. 여건이 어렵고 힘들더라도 누군가는 그 속에서 희망을 품고 도전하고 있다. 불행한 과정을 희망으로 치료한다. 우리 주변에 이런 이야기가 더 많아졌으면 좋겠다.

유명하지 않더라도 과정을 하나씩 이루어나가는 주변 사람들을 응원해보자. 그러다 보면 과정을 중요하게 생각하는 세상으로 바뀔 수 있다. 그리고 그것은 꿈을 가진 사람들에게 포기하지 않는 원동력이 될 것이다. 나 역시 결과를 만들기 위해 오늘도 그 과정을 한 걸음 한 걸음, 정성스럽게 내딛고 있다. 과정 없는 결과는 존재하지 않는다. 불행을 고치는 약, 희망을 함께 즐겨보자.

과정을 하나씩 이루어나가는 주변 사람들을 응원해보자. 그러다 보면 과정을 중요하게 생각하는 세상으로 바뀔 수 있다. 그리고 그것은 꿈을 가진 사람들에게 포기하지 않는 원동력이 될 것이다.

가수를 꿈꾸는
후배들에게

내가 지치고 힘들 때면 / 모든 게 다 하나둘 무너져 갈 때면 / 항상

나를 다시 일으켜줬던 건 / 음악 음악이야 / 사랑 사랑이 날 울려도 /

험한 세상 세상이 등을 돌릴 때도 / 견디게 해준 건 날 붙잡아 준 건 /

음악 내 음악이야 [Music is My(X3)]

피아노 앞에 앉아 아픔을 말하고 / 기타 품에 안고서 울었던 / 너

무 힘들었어 눈물이 흘러도 / 음악 음악이 좋아서 [Music is My(X3)]

언젠간 내게 기회가 올 거야 / 내 노래를 들려줄 / 멋진 무대 위 사

람들 앞에서 / 가슴이 터질 듯한 함성이 들려 [Music is My(X3)]

가수 '임정희' 선배가 부른 'Music is my Life'의 가사이다. 파워풀한 목소리와 빠른 템포의 음악에 힘이 넘쳐난다. 가수를 꿈꾸는 마음을 오롯이 담은 노래이다. '관객의 가슴이 터질 듯한 함성이 들려.' 손에 잡힐 듯 잡히지 않는 관객의 함성을 가수는 늘 꿈꿔야 한다. 그것이 이루어질 것이라 확신하고 계속 나가야 한다.

음악이 힘을 더해 준다. 그것이 가수이고, 가수를 꿈꾸는 사람의 기본 자질이다. 나는 유명한 가수는 아니다. 어쩌면 가수를 꿈꾸는 후배들에게 이런 이야기를 하는 건 앞뒤가 맞지 않는다고 생각할 수도 있다. 그렇지만 이 책의 제목 '화려한 실패'처럼 실패만큼은 누구보다 많이 했다. 실패해 본 사람만이 실패를 겪지 않는 방법을 알고 있다. 나는 실패를 줄이는 방법을 말하고자 한다.

첫 번째, 음악을 하루도 빠지지 않고 듣는다. 어떤 식으로든 매일 듣고 연구하고 요즘 유행하는 음악이 무엇인지를 알자. 관심을 가져야 음악에 대한 상식이 생기고 지식도 생기게 된다. 차츰 자신만의 노하우가 생길 수 있다. 이 노하우를 암묵지라고 한다. 이론적으로 설명할 수 없는, 몸에 밴 경험과 지식을 말한다. 이것은 누구에게 배울 성질의 것이 아니며, 돈이 많거나 시간이 있다고 되는 일도 아니다. 매일 지치지 않게 음악에 관심을 두고 작은 개선이라도 하면서 연습하는 것이 중요하다고 본다. 재능보다 노력이 우선인 셈이다.

두 번째, 아마추어는 절대 안 된다. 프로와 아마추어의 차이는 태도에 따라 달라진다. 프로는 발전하고 거기에 따른 대가를 받는다. 아마추어는 발전 없이 즐기고, 어쩌다가 대가를 받을 뿐 생계까지 보장받기는 어렵다. 노래를 아마추어로 즐기는 것도 나쁘지 않다. 단 프로를 꿈꾼다면 절대 아마추어처럼 해서는 안 된다. 차별화된 나만의 것이 필요하다. 가수는 정말 가수다워야 하는 아우라가 있어야 한다. 그리고 중간에 힘들다고 포기할 것 같다면 빨리 그만두는 편이 낫다. 세상에는 노래 잘하고 재능 넘치는 지망생과 신인 가수가 정말 많다. 세상은 가수를 찾는 데 있어 아쉬울 게 전혀 없다. 이것이 현실이다. 지망생이 아쉬워해야 하는 입장이다. 그만큼 100% 열정을 다 쏟아부어야만 한다. 그러다 보면 분명 제작하려 하고 매니지먼트하고 싶어 하는 누군가를 만날 수 있다.

세 번째, 먼저 자신을 이해할 필요가 있다. 발라드 가수는 대부분 분위기가 있다. 반면 아이돌 가수는 화려하고, 트로트 가수는 친근하다. 또한 힙합가수는 저항정신이 폼난다. 더불어 록 가수는 열정이 가히 폭발적이다. 전부 멋있고 개성적이다. 하지만 모든 걸 다 할 수는 없다. 자기만의 확실한 장르가 있어야 한다. 이 점에서 나는 직접 체험을 했다. 꿈을 가수로 정했다면 확실한 자기 장르부터 정하자. 이 부분에서 다소 결정이 어려울 수도 있다. 내 조언은 이러하다. '인기를 좇지 말고, 진정으로 부르고 싶은 노래를 해라.' 쪽이다. 어떤 장르든 잘 못 부르면 성공하지 못한다. 반대로 어떤 장르든 잘 부르면 성공할 수 있다. 그러니 내가 좋아하는 장르를 불러라.

네 번째, 아티스트 관점을 가져야 한다. 가수는 노래를 하는 사람이다. 그렇다 해서 목소리 좋은 것이 전부는 아니다. 거기에 깊이와 울림이 있어야 한다. 또한 외모, 퍼포먼스 등이 필요하다. 즉 종합 예술인 것이다. 가수는 노래를 넘어 아티스트로서의 관점이 필요하다. 어떻게 하면 관객과 호흡할 수 있을까? 더 깊이 있게 노래를 전달할까 등 쇼비즈니스 측면에서의 장인정신이 필요하다.

이 네 가지 방법론은 어느 것 하나 쉬운 것이 없다. 그래서 어렵고 힘들다. 분명한 것은 누군가는 인내와 노력으로 자신의 꿈을 이룬다는 점이다. 인내와 노력의 가치가 무시당하는 요즘, 다른 분야는 몰라도 가수만큼은 이것이 기본 바탕이 된다. 포기하고 싶을 때가 많을 것이다. 그리고 많은 사람이 포기를 한다.

모든 분야가 그렇지만, 특히 가수는 포기하지 않는 사람만이 끝내 꿈을 이룰 수 있다. 그래서 더 단단한 각오가 필요하다. 힘들다면 앞에 있는 'Music is my Life'를 들으며 음악을 좋아하게 된 이유, 관객의 환호를 상상하며 끝까지 가자. 자신을 사랑하며 가수를 꿈꾸는 모든 후배를 응원하고 싶다.

음악을 좋아하게 된 이유,
관객의 환호를 상상하며 끝까지 가자.
자신을 사랑하며 가수를 꿈꾸는
모든 후배를
응원하고 격려해주고 싶다.

일본행 비행기를 타기 전

"콘서트가 3일이었는데 사전 반응이 좋아 4일로 날짜를 늘렸습니다. 그리고 고베는 물론 오사카와 그 외의 여러 지역을 돌아다닐 예정입니다. 많은 준비 좀 해주세요."

'신성훈'이란 이름의 콘서트를 일본에서 기획하고 있다. 3일간 할 예정이다. 콘서트 준비로 바쁜 나날을 보내고 있을 때 일본 기획사에서 콘서트와 행사 연장에 대한 소식을 보내왔다. 기쁘고 행복하다. 이럴 때일수록 더 철저히 준비해야겠다는 마음이 든다.

일본과 한국 기획사는 시스템에서 많은 차이가 있다. 한국은 성과를 나누는 시스템으로 가수의 인지도가 높으면 수익이 많지만 인지도 없는 가수는 생계에 문제가 생길 수 있다. 음악에 집중할 수 없다는 뜻이기도 하다. 반면 일본의 기획사에서는 주기적으로 월급을 제공한다. 생계를 해결하고 음악에 집중할 수 있게 만든다.

일본인은 사업 앞에서 굉장히 냉정하다. 내가 그 냉정함 속에서도 10년간 문을 두드렸던 것은 이 기획사의 사업 태도 때문이었다. 그들은 한국에서의 내 성장이나 발전에는 관심이 없었다. 또 수입 없이 전국 공연만 다니게 했던 국내 소속사와는 확연하게 달랐다. 서로 함께 발전해서 돈을 벌자는 태도가 있었다. 그래서인지 이 기획사에 소속된 많은 가수가 성공을 거두었고, 소속사 역시 10년 전보다 상당히 성장했다.

한국 아이돌 가수가 주류를 차지하는 일본에서 나에게거는 기대가 크다는 걸 알고 있다. 나 역시 10년간 문을 두드리고 오래 준비한 만큼 기대가 크다. 일본은 신한류 열풍으로 한국 아이돌이 대거 진출해 있다. 나는 아이돌도 아니고, 댄스 가수도 아니다. 단지 발라드를 부르는 솔로 가수일 뿐이다. 30대 중반의 나이는 가수로서 새롭게 확, 변신하기엔 모호한 나이이다.

주변 사람들은 나의 일본 진출에 관해 응원과 격려를 해주며 기적이란 말을 쓰기도 한다. 그래서일까. 어느 때보다 철저히 준비하고자 나를 몰아친다. 힘은 들지만 마음만큼은 기대하는 바가 크다. 사회적 기준으로 보자면 30대 중반은 자리를 잡을 나이이다. 그런데 나는 지금도 여전히 도전 중이다. 정말 어렵게 잡은 기회라는 것을 알고 있다. 기회 자체만으로 10년간 문을 두드린 나의 도전에 관한 보상은 충분히 받았다. 이제 자신을 믿고 가는 일만 남았다.

누군가 물었다. 일본 활동이 끝나고 한국 계획은 어떤지 말이다. 지금 일본에 집중하고 있는 상황에서 한국에 대한 고민은 많지 않다. 지금껏 해온 것처럼 활동할 예정이다. 가끔 상상을 한다. 80살쯤에 무엇을 하고 있을지 말이다. 그 그림은 생각보다 선명하다. 멋진 백발로 노래를 부르고 있지 않을까. 노래는 더욱 깊어지고 성숙해 있을 것이다.

그동안 나에게 주어진 시련이나 고통을 다시 돌아본다.

지금껏 누군가 나를 기획했다고 생각한다. 신은 만만치 않은 시련을 주면서 나를 더 강하게 만든 것이다. 그리고 이번에는 일본 진출이라는 기회까지 덤으로 주셨다.

작은 일도 무시하지 말고 최선을 다하자. 작은 일에 최선을 다하면 정성스럽게 된다. 정성스럽게 되면 겉으로 배어 나온다. 겉으로 배어 나오면 이내 밝아진다. 밝아지면 남을 감동시킨다. 남을 감동시키면 이내 변화되고 변화되면 생육된다. 그러므로 세상에 정성을 다하여 최선을 다하면 나와 세상을 변하게 할 수 있다.

중용 23장의 말이다. 작은 일에 최선을 다하면 정성스럽게 되고 이것은 남을 감동시킨다. 그리고 세상에 정성을 다하면 나와 세상을 변화시킬 수 있다. 일본 진출을 하는 나의 마음은 이러하다. 일을 이루는 것은 사람이고 결과는 하늘이 만든다. 나는 좋은 결과를 만들기 위해 최선을 다할 뿐이다. 과거에도 그랬고, 현재도 그러하고 미래에도 그러할 것이다.

내 노래를 들어주는 사람에게

책과 음악은 우리 생활의 필수품이다. 나는 이 책까지 포함하여 두 권의 책과 20장이 넘는 앨범을 냈다. 크게 흥행하진 않았지만 '신성훈'을 알리는 데 큰 힘이 되었다. 최근 한 장의 앨범과 한 권의 책으로 일본 진출을 앞두고 있다. 기쁘고 감사한 일이다. 그동안의 도전과 고난, 성공, 실패들이 다시 일본 진출을 가능하게 만든 밑걸음이 되었다고 나는 생각한다. 포기하지 않으면 기회가 반드시 온다.

이 책에는 QR코드로 23곡의 노래를 실었다. 독자라면 누구든 들을 수 있다. 나이와 상관없이 모든 세대가 들을 수 있도록 다양한 장르를 실었다. 오래전에 유행했던 노래도 다시 편곡했다. 책과 함께 음악으로 소통하는 시간을 가졌으면 하는 바람이다. 또한 다양한 장르로 노래하는 아티스트라는 걸 보여주고 싶은 욕심도 있었다.

내 기준과 독자의 기준이 다르기 때문에 주변 사람들에게 노래 중 베스트를 부탁했다. 뽑아주신 분들에게 진심으로 감사를 드린다. 바쁜 일상 속에서 23곡의 노래로 잠시 휴식을 취하며 성장하는 신성훈을 지켜봐 주시길 바란다.

책을 쓰는 내내 떠나지 않은 생각이 하나 있다. 나의 이야기가 누군가에게 도움이 되었으면 좋겠다는 것이다. 대부분 사람이 망설이는 이유는 늦었다고 생각하기 때문이다. 이 책은 늦었다는 사람에게 도전을 심어주고 싶은 마음으로 썼다. 꿈은 있으나 현실 앞에서 망설이는 사람들에게 도움이 되었으면 한다.

아직 늦지 않았다. 단지 조금 시간이 더 걸릴 뿐이다. 도전하고 싶은 일이 있으면 도전을 하자. 화려한 실패가 쌓이면 반드시 꿈을 이루는 날이 온다.

'꿈'

조용필

화려한 도시를 그리며 찾아왔네

그곳은 춥고도 험한 곳

여기저기 헤매다 초라한 문턱에서

뜨거운 눈물을 먹는다

머나먼 길을 찾아 여기에

꿈을 찾아 여기에

괴롭고도 험한 이 길을 왔는데

이 세상 어디가 숲인지 어디가 늪인지

그 누구도 말을 않네

사람들은 저마다 고향을 찾아가네

나는 지금 홀로 남아서

빌딩 속을 헤매이다 초라한 골목에서

뜨거운 눈물을 먹는다

저기 저 별은 나의 마음을 알까

나의 꿈을 알까

괴로울 땐 슬픈 노래를 부른다

슬퍼질 땐 차라리 나 홀로

눈을 감고 싶어

고향의 향기 들으면서

(하략)

화려한 실패

활동 경력

음반 활동
아이돌 그룹 '맥스' 1집
일본 음반 싱글 1집(はじめから)~싱글 2집(新しい始まり)
신성훈 '대박이야' 1집 ~ '사랑해 당신' 2집
2017년 리메이크 음원 '나의 노래', '단발머리', '너 없는 동안', '인디언 인형처럼' 발매
2018 평창동계올림픽 공식 응원곡 '대박이야'
With U(게임 'Club Audition' OST) 발매

TV 프로그램
KBS 내 생애 마지막 오디션/일대백/출발 드림팀/아침마당/생방송! 사람을 찾습니다/사랑의 가족
SBS 출발! 모닝와이드/백 투 마이 페이스/일요특선 다큐멘터리
MBC 나누면 행복

케이블 종편
tvN '환상 속의 그대' 2013, Story On 김원희의 맞수다(시즌 1, 2)
CBS 새롭게 하소서(2017)

수상 경력

대한민국 문화연예대상 '성인가요 남자부문' 인기상
한국재능 나눔 대상 '감동대상'
대한민국 나눔 실천 대상 '연예부문 대상'
KBS 대한민국 나눔 국민 대상 '보건복지부 장관상'
대한민국 스타 예술 대상 단편 영화부문 '신인상'
케이팝 뮤직 어워즈 가요 부문 '신인상'
한중 문화 스타 어워즈 '라이징 스타상'
아시아 연예예술인 선정 영화부문 '남자 신인상'
국제 케이 스타 어워즈 배우 부문 '남자 신인상' 수상
제25회 대한민국 문화연예대상 영화부문 '남자 신인상' 수상

저서 출간
2017년 8월 에세이 '천 개의 우산' 출간

경력
문재인 대통령 문화예술발전위원회 회원
2018 평창동계올림픽 응원가 '대박이야' 선정
2018 한국방문위원회 <평창올림픽 공익 광고> 출연
한중국제영화제 대외협력위원
2018 올림픽 코리아 홍보대사